Jana Schumacher

52 RÄTSELANDACHTEN

Impulse und raffinierte Knobeleien
rund um die Bibel

W0059238

Nutzung für Gemeindebriefe

Die Rechte für Reproduktionen liegen beim mediaKern-Verlag. Käufer des Buches dürfen die Texte und Rätsel jedoch im Sinne einer nicht-kommerziellen Nutzung im gemeindlichen Kontext (Gemeindebriefe u.ä.) honorarfrei reproduzieren, sofern mit der folgenden Copyright-Zeile auf die Quelle hingewiesen wird:

aus Jana Schumacher: 52 Rätselandachten.
Impulse und raffinierte Knobeleien rund um die Bibel
© mediaKern Verlag, Wesel

Hinweis

Die Rätsel beziehen sich im Zweifelsfall auf die Bibel-übersetzung, aus der auch alle Zitate stammen:

Die Bibel nach Martin Luthers Übersetzung, revidiert 2017, © 2016 Deutsche Bibelgesellschaft, Stuttgart.

Bestell-Nr.: 5.121.309
2. Auflage 2023
© 2023 mediaKern GmbH, 46485 Wesel
Alle Rechte vorbehalten

Umschlaggestaltung: RKW / J. Dörr unter Verwendung folgender Bilder: Getty Images / francescoch, Lava4images, Piotr Wytrazek, Paperkites
Innenbilder: Getty Images / francescoch
Satz und Rätsel-Illustrationen: Nora Weigel
Druck und Verarbeitung:
Drukarnia Dimograf, Bielsko-Biała, Polen

ISBN 978-3-8429-1309-7   www.kawohl.de

Jana Schumacher

52 RÄTSEL ANDACHTEN

Impulse und raffinierte Knobeleien
rund um die Bibel

INHALTSVERZEICHNIS

SEIN SEIN

Ich habe diese Welt gemacht
und vorher schon an dich gedacht.
In Liebe habe ich dich erwählt
und mir dabei auch vorgestellt:
Wo du einst wohnst. Und was du magst.
Mir war vertraut, was du je sagst.
Ich kannte längst schon deinen Namen,
bevor die Eltern dich bekamen.
Ich kreierte dein Gesicht,
Farbe, Größe und Gewicht.
Ich zählte auf dem Kopf dein Haar.
Schon damals fand ich's wunderbar!

Als du dann kamst auf diese Welt
war meine Freude groß: Das zählt!
Du bist wertvoll, unentbehrlich ...
Mein Schutz gilt dir – wird es gefährlich.
Ich weiß genau, wo du heut stehst,
was dich bewegt, wohin du gehst.
Ich begleite dich – mit meinem Segen –
auf allen deinen Lebenswegen.
Und machst du auch mal einen Fehler
wird meine Liebe niemals schmäler.
Ja, alles gab ich für dich hin:
Ich geh' mit dir durch dick und dünn!

Hier ist eine „**Personensuche**".
Welche biblische Figur versteckt sich hinter
diesen Aussagen? Wer hat den Psalm 139
geschrieben und damit die Grundlage für
das Gedicht „Sein sein" gebildet.

Er war
auch
Schafhirte.

Er konnte
Harfe spielen.

Einer seiner
Söhne hieß
Salomo.

Er schrieb
Psalm 23, in dem
es heißt: „Der Herr
ist mein Hirte."
(Vers 1)

Er wurde
ein König
über Israel.

Sein Vater
war Isai.

FRÜHLINGSHERZ IM WINTER

Das Herz hat sich erkältet
im Winter jener Zeit.
Es gab so viel, was quälte ...
die große Traurigkeit.
Nun liegt es matt danieder –
so leer und doch so voll.
Es singt zwar seine Lieder,
doch leider nur in Moll.

Es möchte so gern tanzen
und nicht im Schnee erfrier'n,
will neue Hoffnung pflanzen,
den Frühling wieder spür'n.
Da hat es sich entschlossen,
die Not Gott zu gesteh'n.
Die Tränen sind geflossen,
das Schwere konnte geh'n.

Das Herz kann sich nun regen
und fühlt den eignen Schlag,
sagt wieder Ja zum Leben
und wird in sich ganz stark.
In ihm darf alles fließen;
es muss sich nicht bemühen.
So können Blumen sprießen,
in nächster Zeit erblühen.

Hier ist ein **„Farben-Bibelvers"**.
In dem folgenden Feld sind in den einzelnen
Kästchen unterschiedliche Buchstaben mit Farb-
schattierungen positioniert, die jeweils zusam-
mengehören. In welcher Farbschattierung ist ein
Bibelvers versteckt? Er kann nur waagerecht
erkannt werden und ist eine Einladung Gottes, zu
ihm alles zu bringen, damit das „Frühlingsherz
im Winter" wieder aufblüht.

H	H	D	O	I	F	I	F	E	E	E	T
A	R	U	S	F	I	I	E	H	S	N	F
S	A	A	L	L	L	R	E	E	Z	B	E
I	I	T	I	L	D	I	S	E	R	B	T
L	E	K	L	E	E	E	U	I	T	I	E
S	D	C	N	H	E	Ü	B	T	R	T	I
B	E	N	T	E	E	I	U	L	E	C	R
H	H	E	V	R	T	Z	R	V	D	O	S
Z	R	I	I	U	H	E	M	E	A	R	U
S	I	G	N	O	C	T	T	T	H	I	D
T	S	E	T	I	U	C	N	G	S	K	R
E	E	Z	E	U	N	V	F	E	S	R	A
R	S	O	I	R	C	B	H	R	T	E	Y

Hinter den Bergen

Ich sehe zu den Bergen hoch,
entdecke in der Größe doch
den Einen, der dahintersteht,
auf meiner Reise mit mir geht
und meinen Fuß nicht gleiten lässt.
Er hält mich ja auf ewig fest.

So wandre ich auf meiner Reise
und singe laut und manchmal leise:
Der gute Hirte – dieser Schäfer –
ist nie und nimmer hier ein Schläfer.
Er hilft mir, wenn ich ihn drum bitte,
behütet meine Lebensschritte.

Doch heißt das ja nicht unbedingt,
dass mir jetzt alles gut gelingt.
Auf meinem Weg zu dem Daheim
liegt mancher große Stolperstein.
Es gibt den Umweg, die Sackgasse
und auch den Stau auf meiner Straße.

Trotz Stürme, Regen und Gewitter
verspricht der treue Menschenhüter,
dass er niemals von mir weicht,
bis ich das große Ziel erreicht.
Früher sang – nach dem Prinzip –
ein Reisender das _____.

Hier haben wir **„Zuviel des Guten"**.
In diesem Bibeltext aus Psalm 121 stehen 14 Wörter mehr als nötig. Wer sie findet und jeweils die Anfangsbuchstaben aneinanderreiht, entdeckt das letzte Wort des Gedichtes „Hinter den Bergen". Es ist übrigens die Kategorie, in die der Psalm eingeordnet wird.

> „Wahrlich: Ich hebe aber meine Augen auf zu den Bergen. Woher kommt mir Hilfe? Meine langersehnte Hilfe kommt vom lieben Herrn, der Himmel und Erde fertig gemacht hat. Er wird also deinen Fuß nicht gleiten lassen, und der dich hier behütet, schläft nicht. Siehe, der Hüter Israels schläft noch schlummert nicht. Der Herr behütet dich reichlich; der treue Herr ist dein Schatten über deiner rechten Hand, dass dich des Tages die Sonne nicht steche noch der Mond des Nachts. Siehe: Der Herr behüte dich lebenslänglich vor allem immerwährenden Übel, er behüte deine Seele. Der ewige Herr behüte deinen dunklen Ausgang und Eingang von nun an bis in Ewigkeit!"

Ansehen genießen

Du bist mein Gott, der mich stets sieht –
in keiner Lage vor mir flieht:

ob ich nun Purzelbäume schlage
und auch gerne Neues wage,

ob ich derzeit sehr wenig lache
und mir viele Sorgen mache,

ob ich in Liebe mich hingebe
und die eignen Träume lebe,

ob ich nur das Leben träume
und die Chancen dann versäume,

ob ich über Mauern springe
und die Riesen schon bezwinge,

ob ich mir im Wege stehe
und auf krummen Pfaden gehe,

ob ich an deinem Herzen ruh'
und Dinge nur aus Liebe tu',

ob ich mich vergeblich mühe,
gehetzt, gejagt vor dir fliehe –

ich genieße dein Ansehen
und darf zu mir selber stehen!

Hier ist „**Ein Schritt weiter**".
Bei diesem Rätsel gilt es, das Alphabet ganz genau zu berücksichtigen. Wer hier jeden einzelnen Buchstaben um einen zurückrechnet, entziffert den Bibelvers, auf den sich das Gedicht „Ansehen genießen" bezieht.

E V   __ __

C J T U   __ __ __ __

E F S   __ __ __

H P U U   __ __ __ __

E F S   __ __ __

N J D I   __ __ __ __

T J F I U   __ __ __ __ __

IN MICH GEHEN

Ich mach' mal eine Pause,
begebe mich zur Rast,
such' in mir das Zuhause,
befrei' mich von der Last,
zu geben und zu müssen,
und immer nur zu soll'n.
Ich darf heut nur genießen
und spiele keine Roll'n.

Ich bin mir nicht zu wenig
und hör' in mich hinein.
In mir wohnt ja ein König,
besuche ihn – allein.
Er wird mich neu erquicken;
ich sammle bei ihm Kraft.
Nur so wird mir dann glücken,
was er bald durch mich schafft.

Hier gibt es eine „**Schnipseljagd**".
Ein Zitat von Teresa von Avila will gleich richtig
zusammengelegt werden. Wie heißt es genau?
Übrigens hat es mich besonders für das Gedicht
„In mich gehen" inspiriert.

3. ich jetzt weiß, dass

6. so großen König

10. allein gelassen."

9. häufig darin

1. „Hätte ich früher

4. der winzige Palast

2. erkannt, was

8. ich ihn nicht so

5. meiner Seele einen

7. beherbergt, dann hätte

NICHT AUF DER
STRECKE (LIEGEN)BLEIBEN

Auf halber Strecke aufzugeben,
das ist gar nicht mein Bestreben:
Nach dem „Bergab" gibt's das „Bergauf".
So ist in dieser Welt der Lauf.

Doch manchmal sitz' ich kurzerhand
ganz abgekämpft am Wegesrand:
Ich schau' nach vorn und stöhne nur:
„Es ist noch eine schwere Tour,
bis ich am großen Ziel ankomme ...
Ich sehe es nur recht verschwommen!"
Doch irgendwann fällt auch der Blick
auf meinen Lebensweg zurück.
„Ich hab' ja schon so viel geschafft ..."
Und diese Sicht gibt neue Kraft.
So kann ich hoffnungsvoll aufstehen,
auf meinem Pfad auch weitergehen.
Vielleicht bleib' ich ja länger fit –
marschiere ich stets Schritt für Schritt
mit – hin und wieder – einer Pause;
es wartet auf mich: das Zuhause!

Hier darf „**Gestohlen**" werden.
Jedem der nachstehenden Wörter ist eine Silbe zu
entnehmen, die aneinandergereiht einen Bibelvers
aus Hebräer 13 ergeben. Er hat mich inspiriert,
das Gedicht „Nicht auf der Strecke (liegen)blei-
ben" zu schreiben.

AUFWIRBELN * KLEIDERHAKEN * VERGEBEN

* HIERZU * KEINESWEGS * SCHWEINESTALL *

DRANBLEIBEN * LEBENDIGER * ZEITENWENDE

* STADTVERWALTUNG * BESONDERHEITEN *

* BEWUNDERN * VERDIENEN * ZUHÖREN *

ZUKÜNFTIG * ERMUTIGER * AUGENRINGE *

VERSUCHUNG * KUCHEN * WIRKUNGSSTÄTTE

JE LÄNGER, JE MEHR

Je länger, je mehr
lieb' ich dich, Herr.
Du bist mein Wir,
Lebenselixier,
mein Me(e)hr und Fels,
weil du mich hältst.

Je länger, je mehr
lob' ich dich, Herr.
Du willst mein Leben,
hast deines gegeben,
die Stürme gestillt
und mich neu erfüllt.

Je länger, je mehr
brauch' ich dich, Herr.
Ich bin nicht perfekt,
hab' manchen Defekt.
Du liebst mich total,
siehst mein Potential.

Je länger, je mehr
glaub' ich dir, Herr.
In allen Zeiten
darfst du mich leiten.
Denn dein Wort ist wahr.
Und du bist stets da.

Je länger, je mehr
dank' ich dir, Herr.
Du machst mich so reich
in jedem Bereich.
So geb' ich mich hin.
Schenken macht Sinn.

Hier ist „**Bibelvers-Chaos**".
Dabei sollen die in den unteren Spalten abge-
druckten Buchstaben so in die oberen Kästchen
eingetragen werden, dass sich dort ein Bibelvers
aus Psalm 18 ergibt.

L	I	R	Z	L	Ä	A	H	E
N	E	E	B	R	I	C	B	H
H	H	C	S	T	H	I	C	I
	I	E	R		D	M	E	E
	E	H				R	K	

Das Weizenkorn

Ein kleines, junges Weizenkorn
beginnt vor Angst zu zittern;
es ist enttäuscht und voller Zorn
und will nun schier verbittern.
Der Gärtner hat ihm kundgetan:
„Du sollst vergraben werden!
Damit mehr Leben wachsen kann,
musst du nun einmal sterben!"

Das Weizenkorn versteht das nicht;
es fühlt sich wie beschrieben.
Es liebt sein Dasein, liebt das Licht,
will nicht im Dunkeln liegen.
Der Gärtner nimmt es in die Hand
und streichelt es bewogen.
Dann setzt er es ganz eklatant,
behutsam in den Boden.

Da ist es nun – das starke Korn
bereit, sich hinzugeben.
Und daraufhin wächst es enorm
dem neuen Sein entgegen.
Der Gärtner hat das kommen sehn;
so geht es einem jeden …
Wenn ich verlier', kann ich noch säen:
Ich sterbe mich zum Leben!

Hier gibt es ein „**Felderpuzzle**".
In den Kästchen ist ein Bibelvers auseinandergenommen und muss wieder zusammengesetzt werden. Wie heißt er? Er hat mich auch angeleitet, das Gedicht „Das Weizenkorn" zu schreiben.

das	wenn	erstirbt,
bringt	Erde	allein;
die	„Wenn	in
bleibt	es	nicht
es	Weizenkorn	Frucht."
fällt	aber	viel
und	erstirbt,	es

MEINE ZEIT

Der Liedermacher David singt,
was in den Ohren seltsam klingt.
Er betont doch echt: „Die Zeit – sie steht ...“
Doch spür' ich nur, dass sie vergeht;
sie läuft, sie rennt, sie hält nicht an.
Es gibt nichts, was ich machen kann.
In meiner Hand hab' ich sie nie,
und das beunruhigt irgendwie.

Doch David singt das Lied nun weiter,
und das macht mich dann doch gescheiter.
Es heißt: „Sie steht in deinen Händen.“
So kann die Aufgeregtheit enden,
weil Gott die Übersicht behält
und sich an meine Seite stellt.
So kann ich Apfelbäumchen pflanzen
und jeden Tag gelassen tanzen!

Hier kommt „**Der Reihe nach**".
Wenn es im Folgenden gelingt, die Jünger Jesu in der Reihenfolge ihrer Berufung nach Lukas 6 zu sortierten, dann ergeben die Buchstaben hinter den jeweiligen Personen den Verfasser des Zitates, das ich in dem Gedicht „Meine Zeit" im Bick gehabt habe:

„Auch wenn ich wüsste, dass morgen die Welt untergeht, würde ich heute noch einen Apfelbaum pflanzen."

Jakobus.. .. .. **R**

Thomas .. .. **U**

Judas Iskariot.. .. .. **R**

Simon, der Zelot genannt.. .. .. **H**

Johannes .. .. **T**

Matthäus .. .. **L**

Jakobus, Sohn des Alphäus . . . . **T**

Philippus .. .. **I**

Simon Petrus .. .. **M**

Judas, Sohn des Jakobus.. .. .. **E**

Bartholomäus .. .. **N**

Andreas.. .. .. **A**

DAS WUNDER-SAME WORT

Es ist eine große Gabe –
mit viel Potential und Macht,
die ich da bekommen habe,
ob gesprochen, ob gedacht.

In Minuten und Sekunden
vermag es, mich zu inspirieren.
Es kann heilen und verwunden,
kann trösten oder degradieren.

Tag für Tag, mitunter stündlich,
begleitet es mich auf der Reise.
Und so überleg' ich gründlich,
benutze es gewählt und weise.

Ich möchte, dass es Brücken baut –
von Mensch zu Mensch, hier und dort.
Es ist mir fremd und doch vertraut:
das wundersame, gute Wort!

Hier ist ein „**Spruch-Suchrätsel**".
Im Folgenden sind sechs Begriffe über den positiven Gebrauch von Worten etweder waagerecht, senkrecht, diagonal oder auch rückwärts zwischen der Vielzahl der Buchstaben versteckt. Der gesuchte Bibelspruch, der mich zum Schreiben des Gedichtes „Das wunder-same Wort" annimiert hat, ergibt sich aus den übrig gebliebenen Buchstaben – der Reihe nach – gelesen.

```
S  O  N  E  T  H  C  I  R  F  U  A
V  I  S  T  A  U  C  H  D  I  E  Z
E  S  C  H  L  I  C  H  T  E  N  N
R  U  B  N  G  E  E  I  N  K  L  E
G  E  I  E  N  E  S  G  L  I  E  T
E  D  U  N  T  D  R  E  C  H  N  S
B  E  T  S  I  E  C  H  G  R  O  Ö
E  ß  E  D  I  N  N  G  E  Z  U  R
N  A  U  F  M  U  N  T  E  R  N  T
```

Unvervofft kommt oft

Einer leisen, weisen Alten
– von kleinem Wuchs, mit großen Falten –
wuchsen in dem Lauf des Lebens
graue Haare ... ganz vergebens,
obwohl sie Not und Leid bedrückt.
Sie geht ganz langsam ... tief gebückt ...
den Menschenkindern hier entgegen,
bringt Heil und Licht, Kraft und Segen.
So wird sie hier beliebt geschätzt:
Wenn alles stirbt – sie stirbt zuletzt!
Weil sie erleichtert, nicht beschwert,
ist ihre Gegenwart begehrt.
Sie gibt Weitblick, wenn wir weinen,
wenn Wege aussichtslos erscheinen,
wenn wir die Zuversicht vermissen.
Ach, wie sie heißt, willst du noch wissen?! –
Nenn' mir selbst den Eigennamen
dieser ehrenwerten „Dame".

Hier heißt es „**Acht haben**".
Hinter den folgenden acht Buchstaben steckt die Antwort auf die Frage, welche „Dame" ich in dem Gedicht „Unverhofft kommt oft" beschrieben habe. Anhand der Linien gilt es herauszufinden, wo ihr Name beginnt und wo er endet.

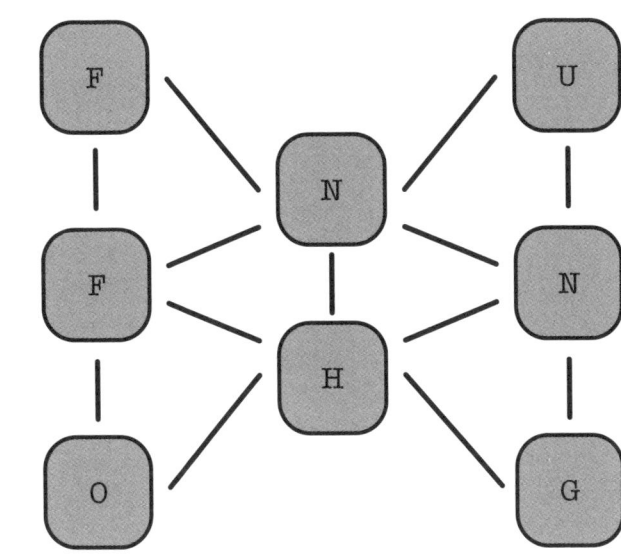

JONA UND JANA

Jona, du bist ein Prophet,
den mein Herz nicht ganz versteht.
Der Höchste sagt zu dir: „Nun geh',
sag' allen im Ort Ninive –
wer nicht hören will, muss fühlen;
ich werde das Gericht vollziehen!"
Du, Jona, machst dich wirklich auf;
das Unheil nimmt nun seinen Lauf.
Denn du wanderst nicht nach Osten,
lässt dich deine Flucht viel kosten,
kommst ins Rudern und tauchst ab.
Die Kräfte machen mächtig schlapp,
weil du eigenwillig handelst,
nicht in Gottes Wegen wandelst.

Bevor ich dich nun aburteile,
denk' ich nach – noch eine Weile,
wo dein Wesen in mir steckt?
Vielleicht gibt es ja ein Projekt,
das mir Gott aufs Herz gelegt.
Noch habe ich mich nicht bewegt,
weil ich Angst hab', nicht vertraue,
in die andre Richtung schaue,
bis ich Schiffbruch auch erleide
und in Selbstmitleid mich kleide,
bis ich mich dann Gott hingebe,
die Berufung wieder lebe!
Uns verbindet vieles, Jona;
das gesteht dir deine Jana!

Hier gibt es „**Zweierlei**".
Die hellen und die dunklen Felder bilden immer
ein Buchstabenpaar, das sich ergibt, wenn die
angegebenen Bibelverse ihren jeweiligen Büchern
zugeordnet werden können. Bei richtiger An-
einanderreihung kommt die Lösung der folgenden
Frage heraus: In welche Stadt floh Jona, wie ich
es im Gedicht „Jona und Jana" angedeutet habe?
Kleiner Tipp: Der Name beginnt mit dem weißen
Buchstaben im hellen Feld.

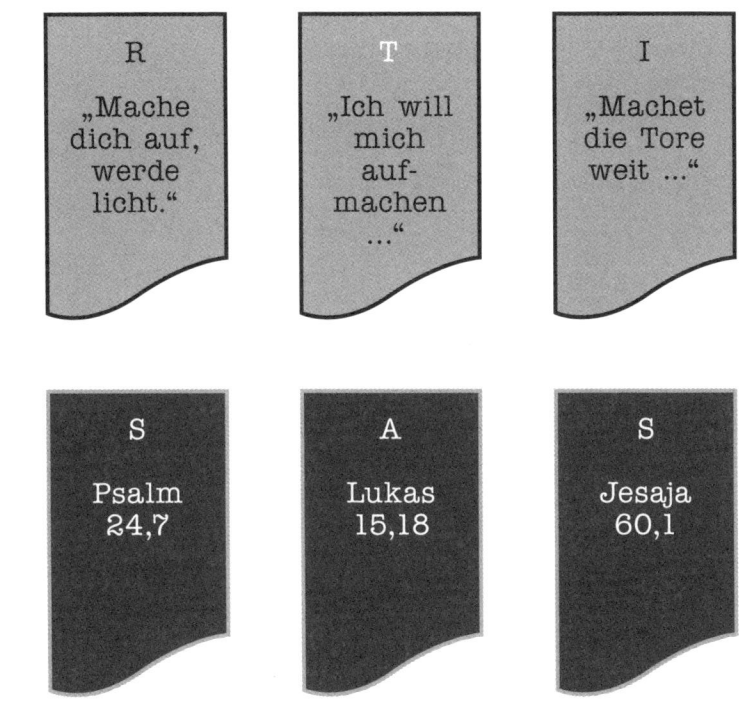

R

„Mache
dich auf,
werde
licht."

T

„Ich will
mich
auf-
machen
..."

I

„Machet
die Tore
weit ..."

S

Psalm
24,7

A

Lukas
15,18

S

Jesaja
60,1

HOFFNUNGSTRÄGE(R)

Ich schaue jetzt in die Natur
und folge froh der Frühlingsspur.
Für dich war es noch nicht zu spät,
hast treu mit Zärtlichkeit gesät
und junges Leben schon gepflanzt.
Mein Herz ist froh, die Seele tanzt,
weil auch in mir die Kraft erwacht –
nach dieser langen Winternacht.

Es war unendlich trist und grau;
nun seh' ich rosa, rot und blau,
gelb und lila, weiß und grün.
Die Luft riecht frisch nach Neubeginn –
durch die Blumen und die Bäume.
In mir schlummern Lebensträume,
weil du das Morgen wachsen lässt.
Der Schnee von gestern liegt nicht fest.

All das belebt Gefühl, Vernunft.
Und dann erblicke ich den Stumpf.
Aus „totem" Holz kommt doch ein Zweig;
das ist ein großer Fingerzeig –
von dir, der uns das Glauben lehrt
und uns die Hoffnung nicht verwehrt,
der neue Freude in uns weckt,
weil in uns auch das Leben steckt.

Hier ist eine „**Spruch-Bild-Frage**".
Zwei Verse aus Jesaja 43 haben mich inspiriert,
das Gedicht „Hoffnungsträge(r)" zu schreiben.
Wie heißen sie?
Mit anderen Worten drücken
sie das Folgende aus:

Es gibt Zeiten,
da dürfen wir außer Acht lassen,
was gewesen ist.
Wir dürfen darauf Acht geben,
was Gott jetzt tut.
Wir dürfen uns davor in Acht nehmen,
in Resignation zu verfallen!

AUFSEHEN

Es gibt Dinge, die bedrängen:
Krankheit, Trennung, Angst, Not, Schmerz ...
Doch – bitte lasst den Kopf nicht hängen.
Für Christen geht es stets aufwärts!

Bei allem, was wir hier erleben,
hat sich Gott etwas gedacht.
Im Rückblick können wir zugeben:
Er hat es gut mit uns gemacht!

Ohne Absturz kommt kein Aufstieg.
Nur Abschied schafft das Wiedersehen.
Wer nicht verliert, schätzt kaum den Sieg.
Und erst durch Tod gibt's Auferstehen.

Wir leben heute aus dem Hoffen:
Das Beste wartet auf uns noch.
Sind wir auch noch oft betroffen –
der Himmel zieht. Darum: Kopf hoch!

Hier gibt es ein „**Gitterspiel**".
Die folgenden Wörter sind so in das Diagramm
einzutragen, dass ein Bibelverse aus Lukas 21
entsteht. Der Hinweis Jesu verbirgt sich auch –
mit anderen Worten – in dem Gedicht „Aufsehen".

Worte:

3 Buchstaben: auf, und
4 Buchstaben: eure, eure, naht, seht, sich, weil
6 Buchstaben: erhebt
7 Buchstaben: Häupter
8 Buchstaben: Erlösung

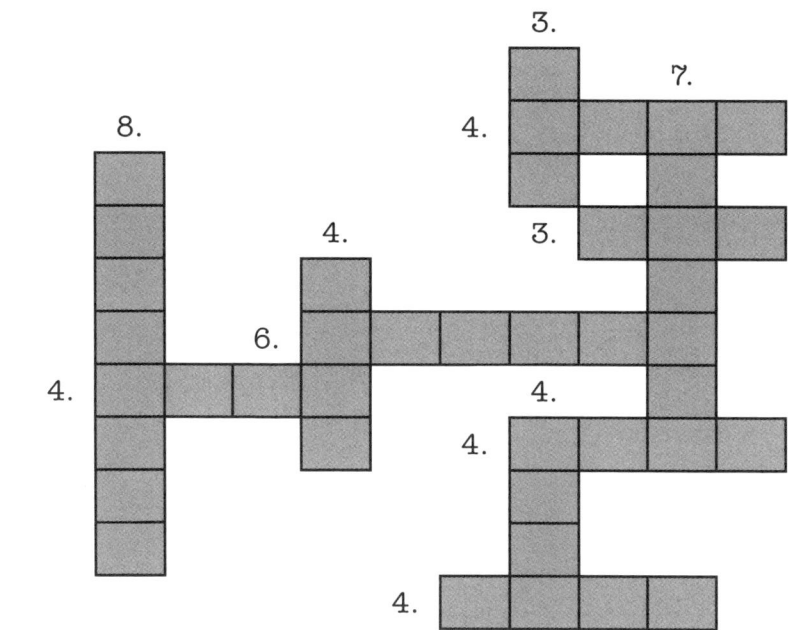

Sch-Mächtig

Und ist mein Glaube noch so klein,
lässt du dich trotzdem auf mich ein:
Du bist „der Fels" und „meine Stärke",
versetzt durch mich so manche Berge!

Und ist das Leben noch so klein,
lässt du dich trotzdem auf mich ein:
Denn du bist selbst vom Tod erstanden –
Hoffnung wird jetzt nicht zuschanden!

Und ist die Liebe noch so klein,
lässt du dich trotzdem auf mich ein:
Es bleibt in Ewigkeit dein Lieben –
das hast du mir ins Herz geschrieben!

Und sind die Kräfte noch so klein,
lässt du dich trotzdem auf mich ein:
Fühl' ich mich auch erbärmlich, schmächtig,
wirkt deine Kraft in mir noch mächtig!

Und sind die Möglichkeiten klein,
lässt du dich trotzdem auf mich ein:
Mit dir kann Unmögliches gelingen –
du lässt mich über Mauern springen!

Hier gibt es ein „**Versrätsel**".
Die fehlenden Wörter in den Bibelversen gilt es
heute wieder zu finden. Wenn man sie zusammensetzt, ergeben sie einen anderen Vers aus der
Bibel, der – mit den anderen – für das Gedicht
eine Grundlage bildete.

„Denn mit dir kann ich Wälle erstürmen und mit
meinem _____ über Mauern springen."
(2. Samuel 22,30)

„Hoffnung aber lässt nicht zuschanden werden;
denn die Liebe Gottes ist ausgegossen in unsre
Herzen durch den Heiligen Geist, _____ uns
gegeben ist."
(Römer 5,5)

„Der _____ ist wahrhaftig auferstanden."
(Lukas 24,34)

„Was bei den Menschen unmöglich _____,
das ist bei Gott möglich."
(Lukas 18,27)

„Lass dir an meiner Gnade genügen; denn
_____ Kraft vollendet sich in meiner
Schwachheit."
(2. Korinther 12,9)

„Bei Gott ist mein Heil und meine Ehre, der Fels
meiner _____, meine Zuversicht ist bei Gott."
(Psalm 62,8)

GESCHEITER(T)

Du siehst nur auf dein Versagen,
das Scheitern und die Niederlagen,
auf die Schrammen und die Brüche,
auf das in dir Erbärmliche.
Doch ich seh' mehr in dir, mein Kind,
weil in dir meine Schätze sind
und weil ich selber in dir lebe,
die Ewigkeit ins Herz dir gebe,
der Tempel deines Leibes bin.
Dein heiler Kern – von Anbeginn –
wird nicht zerstört, geht nicht kaputt.
Mein Gütesiegel gilt: „Sehr gut"!
Du hast Würde, Wert und Kraft,
Erlösung, Freiheit, Leidenschaft.
Nichts und niemand kann das nehmen.
Das, was war, muss dich nicht lähmen.
So hör' in dich und sieh auf mich.
Die Dunkelheit wird wieder licht,
wenn du hinfort ganz anders denkst
und dich nicht länger selbst beschränkst.
Grabe diesen Schatz neu aus
und dann geh' hin und mach' was draus!

Hier gibt es ein „**Silben-Hoppla hopp**".
Dabei gilt es, von Feld zu Feld zu springen –
wie mit einem Springer beim Schach. Das Pferd
springt geradeschräg beziehungsweise schräg-ge-
rade auf das übernächste Feld, um die folgende
Position zu erreichen. Begonnen wird mit dem
grauen Feld, um einen Bibelvers aus 2. Korinther
5 zu entdecken – ein Zuspruch Gottes, der hinter
dem Gedicht „Gescheiter(t) steckt".

	VER	NEU	DEN	TUS	TE
HE	WOR	GEN	IST	IST	
GAN	ES	KRE	SO	AL	CHRIS
E	SIE	GE	JE	ER	
IST	A	IST	NE	IN	DAS
	NEU	MAND	TUR		EI

Vogel(un)frei

Ein Vogel sitzt im Bauer –
und das schon lange Zeit.
Sein Herz ist voller Trauer;
er weiß um Angst und Neid.
Denn durch die Gitterstäbe
sieht er den Brüdern zu.
Er möchte sich erheben
und findet keine Ruh'.

Im Traum, da kann er fliegen –
beschwingt von Ast zu Ast.
Ihm fehlt so das Vergnügen ...
ganz frei von seiner Last.
Er traut sich nicht zu singen,
so wie's die andern tun.
Die Stimme will schon klingen;
doch fehlt ihr nur der Ton.

Im Lauf der vielen Jahre
verkümmert er so schier.
Er sieht die Vogelpaare
und sehnt sich nach dem „Wir".
Im Bangen und im Hoffen,
da hat er nicht bemerkt:
Die Tür steht immer offen;
er ist nicht eingesperrt!

Hier ist ein „**Balkenrätsel**".
Die drei Balken sollen in der Art verschoben werden, dass waagerecht Reihe für Reihe der Bibelvers aus Galater 5 zu lesen ist, an den ich bei
dem Gedicht „Vogel(un)frei" gedacht habe.

1.	2.	3.
FRE	ZUR	IHE
ATU	ITH	NSC
STU	HRI	SBE
ITS	FRE	OST
NUN	EHT	FES
DLA	TUN	SST
HNI	EUC	CHT
DER	WIE	DAS
HDE	JOC	RKN
TSC	ECH	HAF
FLE	TAU	GEN

PRÄSENT

Ich kann es immer noch nicht fassen:
Mein Gott hat mich jetzt doch verlassen –
im großen Unheil, das mich traf
und mich verletzt zu Boden warf.
Ich kann das alles nicht verstehen.
Versprach er nicht, mit mir zu gehen?
Damals hat er mich gefunden;
ist er selber nun verschwunden?

Ich lieg' immer noch am Boden
und schau' verzweifelt nur nach oben,
wodurch in mir erst spät aufblitzt,
dass ich hier nicht alleine sitz'.
Mein Gott hat sich zu mir gesellt;
er ist es, der die Hand jetzt hält,
die Tränen vom Gesicht mir wischt
und meine Seele neu erfrischt.

Gott schwebt ja nicht auf Wolke sieben;
er kommt zu mir – in seinem Lieben.
Er möchte sehnlichst bei mir sein
und lässt mich wirklich nie allein.
Er macht sich selber zum Präsent,
damit das Herzenslicht bald brennt.
Ein Funke ist jetzt schon entfacht:
Er leuchtet mitten in der Nacht!

Hier ist ein **„Formenpuzzle**.“
Dabei wird der Bibelvers aus Psalm 34 gesucht,
der dem Gedicht „Präsent“ zugrunde liegt. Die
einzelnen Kästchen dürfen sortiert werden.

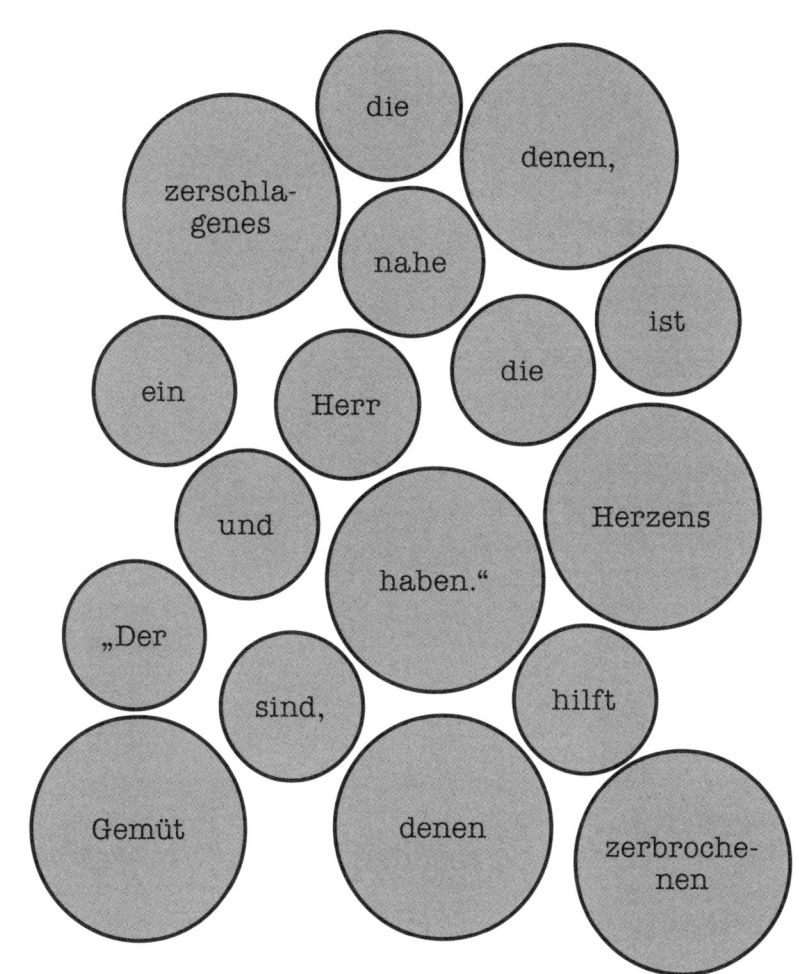

Ein einzigartiges Ma(h)l

Unser Retter und Befreier
lädt uns heute alle ein –
zu dieser wunderschönen Feier.
Er serviert uns Brot und Wein.
Alle dürfen schmecken, sehen,
wie er uns von Herzen liebt.
Auf der Zunge darf zergehen,
dass er jede Schuld vergibt.

Er lebte, um für uns zu sterben,
hat uns vom Tode auferweckt.
Wir dürfen seinen Reichtum erben,
der im Leben mit ihm steckt.

Wir denken an die Peitschenhiebe,
an das Blut, das große Leid.
Er fügte sich aus reiner Liebe.
Alle Wunden sind geheilt.

Er hat sich für uns hingegeben.
Unsere Herzen werden weit.
Wir wollen gerne für ihn leben
in dieser Zeit, in Ewigkeit!

So lasst uns feiern – hier im Saal –
mit Brot und Wein … das Abendmahl.
Wir dürfen alle daran denken:
Gott will sich darin selbst verschenken!
Für nichts war Jesus sich zu schade,
zeigt jetzt jedem seine Gnade.

Hier gibt es „**Die Visite der Karte**".
Dabei sollen die Buchstaben auf dem Kärtchen so
umgestellt werden, dass sich die richtige Lösung
ergibt. Gesucht wird ein Wort, das Gott uns – als
Geschenk – beim Abendmahl anbietet und das
mich beim Schreiben des Gedichtes „Ein einzig-
artiges Ma(h)l" inspiriert hat.

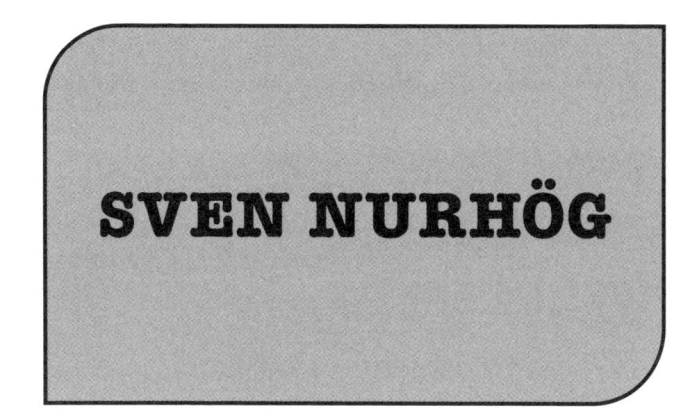

SVEN NURHÖG

Woran erinnert sich

Sven Nurhög,

während im Gottesdienst
das Abendmahl gefeiert wird?

DAS PERLEN-WUNDER IM LEBEN

Ich hörte von der Muschel,
in die ein Sandkorn drang.
Sodann folgte Genuschel:
„Das ist mein Untergang!
Ich will das Ding nicht haben …
Es tut nur weh; es stört!"
So fing sie an zu klagen;
danach war sie empört.

Es dauerte sehr lange –
die Muschel fügte sich.
Ihr war zwar angst und bange,
weil dieses Korn nicht wich!
Sie hat es angenommen.
Der kleine Querulant
verwandelt sich vollkommen
zur Perle – ganz brillant.

So will ich mich nicht wehren,
nehm' an, was nun geschieht.
Ich möchte mich bewähren,
umarm' den Störenfried.
Die Not in diesem Leben,
die mich heut niederdrückt,
die wächst heran zum Segen,
zu Schönheit und zu Glück.

Hier kommt eine „**Auslese**".

Dabei sind ein paar Buchstaben mit Zahlen ausgetauscht, die ähnlich aussehen. Wer dies entziffern
kann, entdeckt drei Bibelverse aus Matthäus 13,
die einiges mit dem Gedicht „Das Perlen-Wunder
im Leben" zu tun haben.

„D45   H1MM3LR31CH   6L31CH7   31N3M
5CH47Z, V3R80R63N 1M 4CK3R, D3N
31N M3N5CH F4ND UND V3R84R6; UND
1N 531N3R FR3UD3 61N6 3R H1N UND
V3RK4UF73 4LL35, W45 3R H4773, UND
K4UF73   D3N   4CK3R.   W13D3RUM
6L31CH7 D45   H1MM3LR31CH   31IN3M
K4UFM4NN, D3R 6U73 P3RL3N 5UCH73,
UND 4L5 3R 31N3 K05784R3 P3RL3
F4ND, 61N6 3R H1N UND V3RK4UF73
4LL35, W45 3R H4773, UND K4UF73 513."

AUF EINE WELLENLÄNGE

Die Jünger hatten große Not,
gerieten einst ins Wanken –
in ihrem kleinen Ruderboot,
sodass sie fast ertranken.

Trotz Sturm trat auf dem kleinen Meer
ein „Geist" ihnen entgegen.
Sie merkten nicht: Es ist der Herr,
erkannten nicht den Segen.

Nur Petrus hatte es im Blut,
verließ das Minischiff.
Er glaubt, dass trotz großer Flut
Gott seine Hand ergriff.

Ein Wasserläufer war er jetzt.
Zunächst ging alles gut.
Er schwankte allerdings zuletzt;
mit ihm sank auch der Mut.

Doch Jesus half, in starker Macht
ergriff er ihn sogleich.
So wuchs der Glaube über Nacht
auf jenem großen Teich.

Auch Wind und Wellen legten sich.
Jesus sprach ein Wort.
Das Misstraun aller endlich wich.
Sie lobten Gott sofort!

Hier ist etwas **„Ausgekippt"**.

In der Schüssel lagen Buchstaben hübsch geordnet. Aber nachdem sie umgefallen ist, dürfen sie wieder sortiert werden.

Die Kästen mit den gleichen Farben bilden jeweils ein Wort. Wie heißt der Vers aus Mattäus 14, den Petrus Jesus zurief, nachdem mit ihm auch der Mut sank, wie es im Gedicht „Auf eine Wellenlänge" heißt?

Mensch-Sein

Der eine sieht in dir den Könner
oder auch den großen Gönner.
Der nächste hält dich für die Niete
und nennt dich manchmal Knalltüte.

Für einen bist du dann der Spinner;
der andre nennt dich auch Gewinner.
Dein Partner kost dich Schnuckelhase;
der Ex-Freund schimpft nur: Trübe Tasse.

Menschlich wirst du dem erscheinen,
der mit sich selber ist im Reinen,
der seine Gaben, Grenzen kennt,
sich selten „Lehrer", „Loser" nennt.

Wer ins Spiegelbild gesehen,
kann den Nächsten gut verstehen,
der durch Leid und manchen Schmerz
noch wachsen darf im eignen Herz.

Und so kannst du in jeder Seele
– womit sie sich auch heute quäle –
den großen Schatz in ihr auch sehen,
den Menschen als ein Mensch verstehen!

Hier gibt es den **„Zahlen-Buchstaben-Bibelvers"**. Jeder Buchstabe steht im Alphabet ja an einer bestimmten Stelle. Das „A" hat die „1", das „B" die „2" ... das „Z" die „26". Wie lautet der nachstehende Vers aus 1. Samuel 16, der hinter dem Gedicht „Mensch-Sein" steht.

„5, 9, 14   _____

13, 5, 14, 19, 3, 8   _____

19, 9, 5, 8, 20   _____

23, 1, 19   _____

22, 15, 18   _____

1, 21, 7, 5, 14   _____

9, 19, 20   _____

4, 5, 18   _____

8, 5 18, 18   _____

1, 2, 5, 18   _____

19, 9, 5, 8, 20   _____

4, 1, 19   _____

8, 5, 18, 26   _____

1, 14   _____

GLÜCKBLICK

Ich habe dich noch nie verlassen
und werde ewig bei dir sein.
Ich liebe dich über die Maßen;
du bist für mich ein Sonnenschein,
auch wenn in dir der Regen fällt
und Schnee von gestern noch nicht taut.
Ich bin der Eine, der dich hält
und gütig auf dein Leben schaut.

Ich bin dir näher, als du je gedacht:
im Sonnenstrahl auf deiner Haut
und auch im Stern in deiner Nacht,
im Nächsten, der dich heut erbaut.
Ich bin im Blümlein auf der Wiese,
im Glückblick – drehst du dich nur um.
Ich bin im Säuseln jeder Brise,
im Lied, das in dem Herzen summt.

Ich will so gern auf mich verweisen;
drum lass dich ein – auf meine Art.
Ich bin der Sanfte und der Leise
in deiner lauten Gegenwart!

Hier ist ein „**Schüttelshake**".
Es geht um einen Bibeltext aus 1. Samuel 19, der
mich ermutigt hat, das Gedicht „Glückblick" zu
schreiben. Alle Wörter sind vorgegeben. Manche
müssen nur noch so umgestellt werden, dass neue
Begriffe anderer Bedeutungen entstehen und in
den Kontext passen

„Dun nie grosser, karrest Wind,
der eid Geber zerriss
dun eid Felsen zerbrach,
kam vor dem Herrn reh;
der Herr rabe war nicht im Winde.
Nach dem Wind bare kam nie Beerbend;
rabe der Herr war nicht im Bebender.
Dun nach dem Ebbender kam nie Freue;
bare der Herr war nicht im Ufere.
Dun nach dem Freue
kam ein stilles, fassten Aussen."

Der unerkannte Bekannte

Die zwei enttäuschten Zeitgenossen
glaubten damals ganz entschlossen,
dass viele Leute nur erfanden:
Der Herr sei wirklich auferstanden!
Sie gingen Richtung Heimatstadt –
und das im Herzen völlig matt.
Sie wollten weg von Golgatha,
wo diese Kreuzigung geschah.
Auf der beschwerlich weiten Reise
kam ein Fremder und sprach leise,
dass alles dies zum Plan gehörte,
den Gott mit seiner Erde führte.
Da wurden beide doch gescheiter
und wanderten mit ihm noch weiter,
bis sie an ihrem Ziel ankamen
und diesen Mann bei sich aufnahmen.
Und als sie dann noch viel besprachen,
zusammen auch das Brot nun brachen,
erkannten sie: „Es ist der Herr!"
Und sie freuten sich so sehr!

Wenn ich mir das so überleg',
ist Gott doch auch auf meinem Weg.
Auch wenn er meinen Plan umstößt,
hat er die Seele doch erlöst ...
Ich seh' ihn nicht mit meinen Augen
und nur im Herzen und im Glauben.
Er lässt mich niemals mehr allein.
Und das beruhigt mich – ungemein!

Hier gibt es ein „**Rotationsrätsel**".
Dabei geht es darum, die Buchstabenräder so zu
drehen, dass nacheinander zutage tritt, wen „Der
unerkannte Bekannte" aufrichtete, wie ich es in
dem gleichnamigen Gedicht beschrieben habe.

J	E
Ü	M

N	M
G	A

R	E
S	U

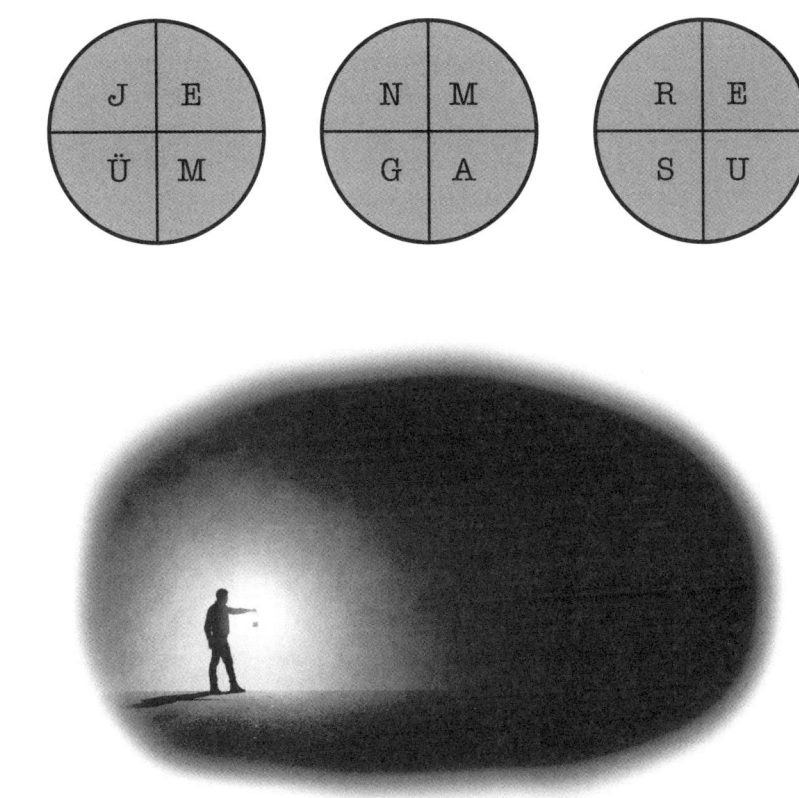

TIEF BEWEGT

Die Hälfte meines Lebens
lebte ich vergebens.
Ich suchte Halt, Liebe und Schutz.
Doch ich fiel tief, lag nur im Schmutz.
Ja, oft hab' ich Beton berührt
und tiefe Wunden dann gespürt.
Ich glaubte nicht, ich sei zu retten.
Dann kamst du, sprengtest die Ketten.

Nun steh' ich hier und bin befreit.
Mein Herz ist voller Dankbarkeit.
Du halfst mir hoch, stelltest mich hin,
gabst meinem Leben neuen Sinn.
Ich lebe heute nur noch für dich,
werfe das Alte hinter mich
und gehe aufrecht meinen Pfad -
mit Wert und Kraft ... als Unikat!

Hier kommt ein „**Abzähl-Bibelvers**".
In die nachstehende Kästchen soll ein Teilvers
aus 1. Petrus 2,9 herausgesucht und eingeordnet
werden. Aber welcher hat mich in dem Gedicht
„Tief bewegt" an meine Lebensgeschichte erinnert?

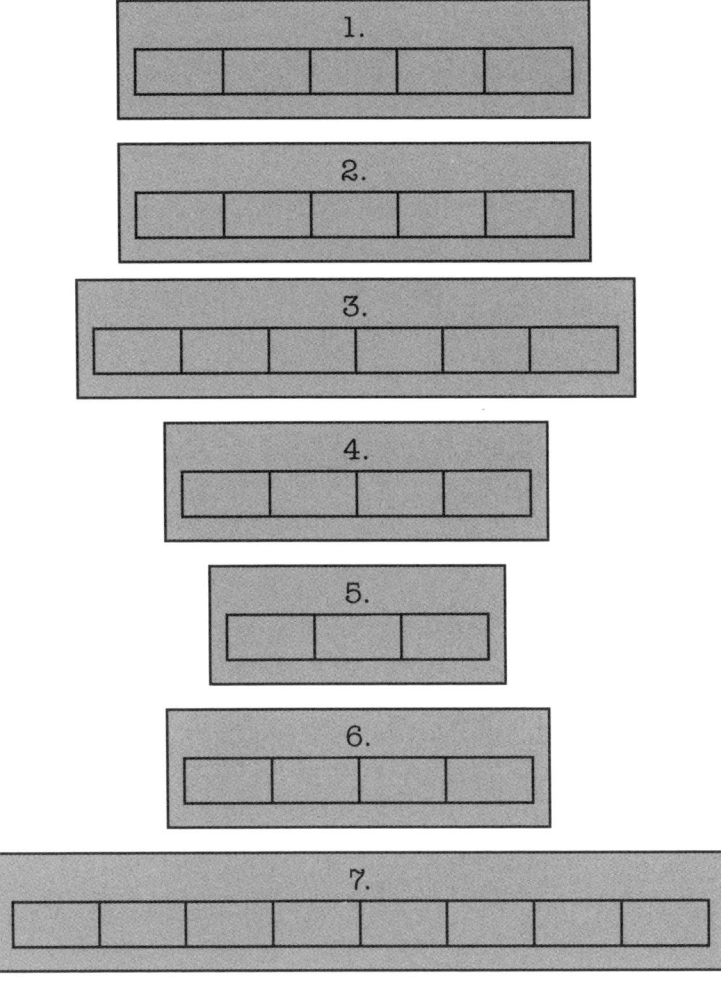

Aus der Vogelperspektive

Weil ich heut einmal gar nichts tu',
schau' ich den schlauen Vöglein zu,
wie sie mir große Freude bringen –
mit dem Fliegen, Zwitschern, Singen,
obwohl sie erstmal gar nicht wissen,
wo sie Futter suchen müssen.
Sie trauen Gott wohl unbekümmert,
weil er sich stetig um sie kümmert,
den Kleinen, was sie brauchen, schenkt –
Tag für Tag gern an sie denkt.

Ich überlege, komm' zum Schluss,
dass ich mich nicht so sorgen muss –
um Kleidung, Trinken und das Essen:
Mein Gott wird mich ja nicht vergessen.
Wenn er die Tiere so verpflegt –
wie wird der Mensch dann erst umhegt,
dem er ja noch mehr Würde gibt,
den er – als Ebenbild – sehr liebt!

Hier kommt „**Krautsalat**".
In diesem Bibeltext aus Matthäus 6 sind bis auf
den ersten und den letzten Buchstaben alle durcheinander gekommen. Wie heißt die Stelle richtig,
die mich zu dem Gedicht „Aus der Vogelperspek-
tive" inspiriert hat?

„Draum sgae ich ecuh:
Sgrot ecuh nhcit um eeur Lbeen,
was ihr eessn und tnkrien wrdeet;
acuh nhcit um ereun Lieb,
was ihr ahnezien wderet.
Ist nhict das Leebn mher als die Naunhrg
und der Lieb mher als die Keilndug?
Shet die Vgeöl utenr dem Hemiml an:
Sie seän nhict, sie entern nciht,
sie semalmn nihct in die Seuchnen;
und eeur heimslicmhr Vtear
ehränrt sie dcoh.
Sied ihr dnen nchit veil kastrober als sie?
Wer ist aebr utenr ecuh,
der sieenr Lgnäe enie Elle zesteuzn knötne,
wie sher er scih acuh duarm sgort?"
(Mätathus 6,25-27)

Trost-reich

Bist du traurig und verdrossen,
fühlst von Menschen dich verstoßen,
dann komme doch in meine Nähe,
weil ich dich sehr gut verstehe.

Bist du falsch und ungerecht
und dir geht es danach schlecht,
schließ' ich dich in meine Arme.
Spüre, wie ich mich erbarme.

Bist du mühselig, belastet,
jemand, der durch's Leben hastet,
dann komme doch zu mir gelaufen;
du darfst gern bei mir verschnaufen.

Ist deine Not auch riesengroß –
ich bin bei dir, mein liebes Kind,
und spende dir auch meinen Trost,
bis deine Tränen getrocknet sind.
Als Papa hab' ich ganz viel Kraft;
du darfst dich an mich schmiegen.
Als Mama will ich dauerhaft
in Schutz und Zärtlichkeit dich wiegen.

Hier kommt ein „**Auszählvers**".
Die folgenden Wörter, die mit einer einstelligen
Zahl abgezählt werden sollen, ergeben einen
Bibelvers aus Jesaja 7, der in dem Gedicht
„Trost-reich" verborgen liegt.

WIE – ICH – EINEN – WILL –
SEINE – EUCH – MUTTER –
TRÖSTEN - TRÖSTET

Ein Blinder mit Durchblick

Ein Blinder, der auch bettelt,
sitzt jahrelang am Wegesrand.
Doch – er hat sich nicht verzettelt,
nimmt sein Leben in die Hand.
Als er seinen Retter hört,
schreit er laut: „Erbarme dich!",
was die Jünger sichtlich stört,
doch den Herrn der Schöpfung nicht.

Denn er hat ihn längst gesichtet,
fragt ihn schier: „Was kann ich tun?"
Er hat gerne aufgerichtet,
macht ihn gänzlich sehend nun.
Und am Schluss der Episode,
die die Bibel uns mitteilt,
dankt er Gott und schaut nach oben;
sein Vertrau'n hat ihn geheilt!

~ ~

„Wo sind meine blinden Flecken;
wo fehlt mir der Durchblick – hier?
Was darf Gott bei mir aufdecken?",
bedenke ich ganz still bei mir.
Hab' ich Mut, zu Gott zu gehen,
wie Bartimäus – so ganz schlicht,
kann ein Wunder auch entstehen:
Gott gibt Überblick und Licht!

Hier ist ein „**Zähl-Rätsel**".

Dabei sind ein paar Wörter aus der Geschichte von Bartimäus aus Markus 10 (Luther 2017) abzuzählen und in die Kästchen einzutragen. In den getönten Feldern ist dann der Gegenstand zu lesen, den er wegwarf, als Jesus ihn zu sich rief. Er war wahrhaft „Ein Blinder mit Durchblick", wie es im gleichnamigen Gedicht steht, weil dieses „Ding" alles war, was er bis dahin besaß.

				Vers 48, Wort 14
				Vers 52, Wort 21
				Vers 46, Wort 29
				Vers 49, Wort 21
				Vers 48, Wort 13
				Vers 51, Wort 15

RoTieren

Dem Tausendfüßler fehlt ein Bein,
und mancher sagt: „Wie kann das sein?
Ein Tier mit solchem Handicap
darf es nicht geben. Es muss weg,
entspricht auch gar nicht unsrer Norm,
ist ja kaum – wie wir – in Form!"

Der Tausendfüßler ist verletzt,
weil sein Dasein stört, entsetzt.
Er will doch nur in Frieden leben
und jeden Tag sein Bestes geben ...
So reißt er sich ein Bein stets aus,
um das zu zeigen – Katz' und Maus.

Jeder hat doch Schönheitsflecken –
ob Bremsen, Tauben, Pumas, Schnecken,
Schweine, Hunde oder Mücken ...
Sie sollten doch zusammenrücken,
um einander zu ergänzen.
So entwichen große Grenzen!

Hier ist ein „**Lückenbüßer**".
Es gilt, die folgenden Silben zu sortieren und zu-
sammenzufügen, damit der Bibelvers aus Römer
15 komplett ist, der hinter dem Gedicht „RoTie-
ren" steht.

Da	men	der
tes	rum	an
ge	Chris	Got
re	Eh	ein
an	nom	tus

„_____

nehmt _____ an, wie

_____ euch _____

hat zu _____ _____ ."

Du bist geschickt

Du bist geschickt
und reich bedacht.
Du bist ein Glück,
sehr gut gemacht.
Keiner ist so,
wie du hier bist!
Drum sei nur froh:
Du bist begrüßt!

Du bist geschickt
und angeseh'n.
Das ist ein Glück,
kannst zu dir steh'n.
Bedingungslos
bist du geliebt.
Drum denke groß,
sei nicht betrübt.

Du bist geschickt
in diese Welt.
Du bist ein Glück,
von Gott erwählt.
Du hast so viel,
was in dir steckt.
Zeig' dein Profil,
bleib nicht versteckt.

Du bist geschickt
und sehr begabt.
Das ist ein Glück.
Du bist gefragt.
Du packst mit an,
gibst, was du hast.
Mit dem Elan
weicht manche Last!

Hier ist ein „**Schlängel-Bibelvers**".

In dem Rechteck schlängeln sich 20 Wörter, die einen Bibelvers aus 1. Petrus 4 ergeben – immer so durch die Kästchen, dass sich das jeweilige nächste Wort entweder horizontal oder vertikal nach links oder rechts an den Vorgänger anschließt.

Die Lösung des Rätsels hat mich auf die Idee gebracht, das Gedicht „Du bist geschickt" zu schreiben.

die	er	als	die
Gabe	empfangen	hat	guten
der	dienet	Und	Haushalter
mit	einander	Gottes	der
jeder	ein	Gnade	mancherlei

ICH PACKE MEINEN KOFFER

Ich packe meinen Koffer
ganz langsam wieder aus.
Es ist ein ziemlich großer;
was nicht mehr passt, darf raus.
Im Laufe meines Lebens
hab' ich ihn sehr bestückt.
Das Stapeln ist vergebens;
die Last hat mich erdrückt.

Ich hab' so viele Sachen,
die brauche ich nicht mehr,
weil sie nicht reicher machen.
Ich geb' sie wieder her.
Dann ordne ich die Fächer,
sortiere alles neu.
So werde ich nicht schwächer;
das macht mich froh und frei.

Ich sehe meinen Koffer,
entdecke neuen Raum.
Ich bin nun wieder offen
und will dem Leben trau'n.
Ich überlege richtig
und packe fortan ein,
was wertvoll ist und wichtig.
So bleibt er leicht und rein!

Hier ist ein **„Alter Schwede"**.
Bei dem Formenpuzzle sind auch noch die
Buchstaben der einzelnen Wörter durcheinander-
geraten. Wer sie richtig zusammenlegt und
ordnet, entdeckt ein Zitat von Ernst Ferstl, das
mir eingefallen ist, als ich das Gedicht „Ich packe
meinen Koffer" geschrieben habe.
Kleiner Tipp: Der Satz beginnt mit der Nummer 1
und endet mit der Nummer 11 ...

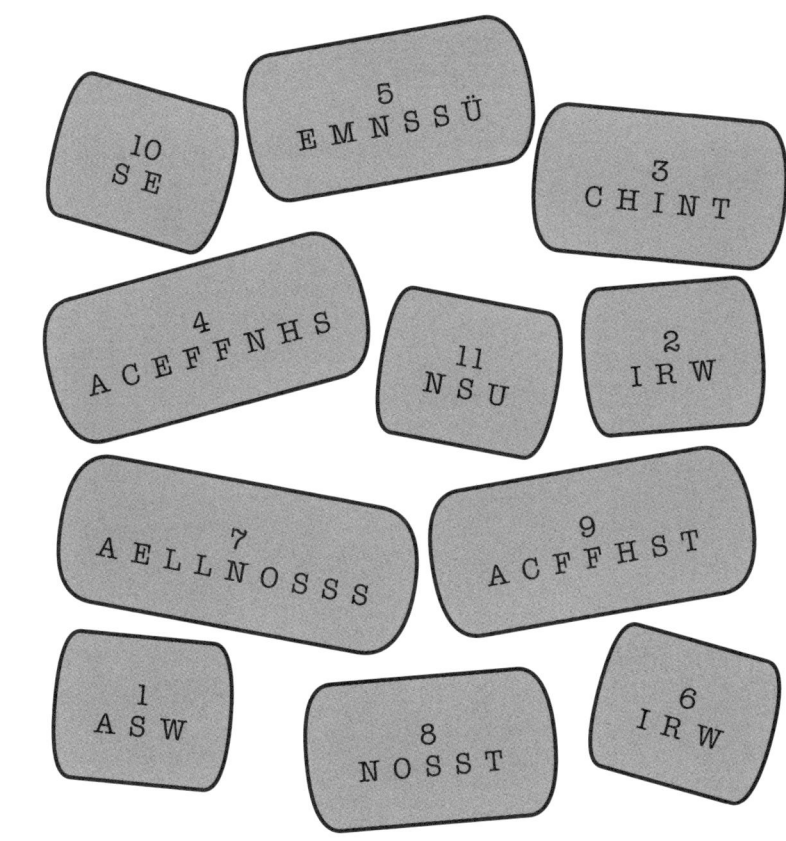

Angefragt

Ich tret' in dein Leben –
und das keineswegs leis'.
Ich will dir viel geben;
geb' Erkenntnisse preis.

Und ich rede von dem,
was du brauchst, was dir fehlt,
seh' ein großes Problem,
das dich anscheinend quält.

Ich sprech' unaufhaltsam;
und du durchleuchtest mich.
Dann fragst du mich achtsam:
„Meinst du womöglich dich?"

Hier ist eine „**Fehlersuche**".
Bei dem Bibeltext aus Matthäus 7, der mich ange-
halten hat, das Gedicht „Angefragt" zu schreiben,
habe ich bewusst neun Fehler eingebaut. Sie gilt
es zu suchen und zu finden.

„Mit dem Maß ihr messt,
wird euch zugemessen werden.
Was siehst du abermals den Splitter
in meines Bruders Augen
und nimmst nicht wahr den Balkon
in deinem Auge?
Oder wie kannst du sagen zu seinem
Bruder:
Halt, ich will dir den Splitter
aus deinem Auge ziehen!
– und siehe,
ein Balken ist in deinem Auge?
Du Heuchler, zieh zuerst die Balken
aus deinem Auge;
danach kannst du stehen
und den Splitter
auf deines Bruders Auge ziehen."

NEU-LIED

Herr, ich will dir singen
ein völlig neues Lied.
Es soll ganz froh erklingen,
was durch dich hier geschieht.
Denn du tust große Wunder
in meiner kleinen Welt.
Die Seele wird gesunder;
du hast mich hergestellt.

Du bist auf ewig bei mir,
auch wenn ich dich nicht seh';
du öffnest manche Tür,
durch die ich mit dir geh'.
Du führst mich in die Weite;
stellst mich auf weites Land.
Du bist der, der befreite;
die Angst ist nun gebannt.

Du lässt mich immer hoffen;
das Gute ist nicht fern.
Der Himmel steht mir offen;
du bist mein Morgen-Stern.
Du machst die Seele fröhlich;
sie spürt jetzt all das Schöne.
Ich bin durch dich so selig;
hörst du, mein Gott, die Töne?

Hier ist eine „**Kurven-Kiste**":
Dabei gilt es, einfach die einzelnen Striche so zu verbinden, damit alle Wörter, die die Linie berühren, waagerecht gelesen den Bibelvers aus Psalm 98 ergeben, der durch das Gedicht „Neu-Lied" in meinem Herzen klingt.

Singt doch dem Gott Herrn aus dem

Ort ein schön neues Herz im Lied Ton

um denn Gott er schafft guten Heil tut

in und Wunder bei Groß und Klein.

VERSPRECHEN

Wie oft hab' ich von euch gehört:
„Es reicht nicht aus; du bist nichts wert!"
Dadurch habt ihr mich sehr geprägt
und mich ganz langsam lahmgelegt.
Mir ist seitdem nichts mehr gelungen.
Ich hab' mit Zweifeln nur gerungen.

Was ich bis heute nicht kapier':
Dass ich mich selber so verlier',
wenn Menschen solche Sätze sagen
und über mich ein Urteil wagen,
obwohl sie mich nicht richtig kennen
und gar nicht alles wissen können?

Was höre ich in diesen Stimmen?
Ich kann ja schließlich selbst bestimmen,
wenn so zu mir ein Mensch nun spricht,
ob ich ihm glaube oder nicht;
ich kann Motive hinterfragen
und mir selbst die Wahrheit sagen!

Es gibt doch Gott, der zu mir hält
und der sich immer vor mich stellt.
Sein Wort hat mir das Heil gebracht.
Er sagt: „Du bist sehr gut gemacht!"
Ich glaube ihm und bleib' mir treu;
das macht mich wirklich stark und frei!

Hier ist das „**Herausgesprungen**".
Leider sind die Wörter aus der Schüssel heraus-
gehüpft und völlig durcheinander. Wer sie richtig
zusammensetzt, entdeckt den Bibelvers aus
Johannes 8, der hinter dem Gedicht
„Versprechen" steht.

ÜBER-WUNDEN

Es fällt mir schwer, mich abzufinden
und das, was war, zu überwinden.
Noch immer bin ich tief entsetzt.
Du hast mich viel zu sehr verletzt.
Die ganze Ungerechtigkeit
wirkt sich nun aus im Lauf der Zeit.

Doch bringt er nichts: Mein Zorn auf dich.
Am Ende fesselt er nur mich.
Ich lass' dich los, will dir verzeih'n,
um endlich wieder frei zu sein.
Das ist der rechte Weg zum Leben:
Dem Schicksal bin ich nicht ergeben.

Ich stehe doch auf beiden Beinen,
muss meine Not nicht mehr beweinen.
Von nun an wende ich den Blick;
ich seh' nach vorn und nicht zurück.
Ich habe meine Chance erkannt
und nehm' mein Leben in die Hand.

Nicht du und auch nicht diese Sorgen
bestimmen heut das Glück von morgen.
Ich werde vor dir nicht mehr kriechen,
kann Hoffnungsduft inzwischen riechen,
weil ich mich nicht als Opfer seh'
und aufrecht, wieder zu mir steh'.

Hier ist ein "**Mottorätsel**".
In meinem Gedicht „Über-Wunden" beschreibe ich
innere Verletzungen und ich rede von Schuld, die
mir zugefügt wurde. Wodurch bin ich wohl trotzdem wieder froh und glücklich geworden?
Im „Mottorätsel" werden Hinweise gesucht, wie
das Herz befreit weiterlebt. Das Wort im grauen
Kästchen bezeichne ich als Oberbegriff.

V							N
E		E					A
R	L	C	A		F		C
S	Ö	H	D	S	R	L	H
	S	T	E	C	E	A	
				H	I	S	
				U		T	
				L			
				D			

Leid-Gedanken

Der Schicksalsschlag – er haut mich um.
Ich bin verzweifelt, frag': „Warum?
Wieso, mein Gott, lässt du das zu,
obwohl ich täglich so viel tu',
um Lob und Freude dir zu bringen
und manche Riesen zu bezwingen?"

Die Antwort kommt nicht an das Licht,
doch ich hör' Gott, der in mir spricht:
„Mein Kind, du bist mir treu ergeben.
Trotzdem kommt es vor – im Leben,
dass du durch dunkle Täler gehst,
auch wenn du das noch nicht verstehst.
In dieser Welt ist nichts perfekt.
Hat dich das so noch nicht erschreckt?

Solange du hier atmen kannst,
erlebst du Kummer, Schmerz und Angst.
Doch – darin bist du nicht allein;
ich werde immer bei dir sein.
Ich stärke dich – in jedem Fall
und bin bei dir ... auch in dem Tal;
Dann wische ich die Tränen fort
und führe dich – du hast mein Wort –
aus diesem Tal auch wieder raus,
begleite dich ins Vaterhaus!"

Hier ist ein „**Füllrätsel**".
Dabei sollen die folgenden Wörter in die vorge-
gebenen Kästchen eingetragen werden, die einen
Bibelvers aus Johannes 16 ergeben, der aus dem
Gedicht „Leid-Gedanken" spricht. Wie heißt er?
Zur Erleichterung ist ein Wort vergegeben.

Welt, der, ich, seid, getrost, Angst, in, habe,
ihr, überwunden, die, aber, habt, Welt

VERSORGT

Jesus sprach: „Seid nicht verzagt!
Ich habe euch doch zugesagt,
dass euch nach meiner Himmelfahrt
in Ewigkeit mein Geist bewahrt.
Er ist der Geist des Höchsten
und wird euch immer trösten,
wenn euer Herz vor Sorgen schreit –
voll Angst, Enttäuschung, Traurigkeit."

Das habe ich vor Jahren
ganz eindrucksvoll erfahren:
Denn mitten in der einen Nacht
bin ich mit Schwermut aufgewacht.
Vor Unruhe sorgte mich nur.
Dann sah ich endlich auf die Uhr:
‚Sechs nach vier' las ich dann dort.
So gab mir Gottes Geist das Wort
von Paulus – im Philipperbrief –
was half, dass ich nun ruhig schlief.

Der Heil'ge Geist tut wirklich gut!
In schwerer Zeit macht er mir Mut!
Auch in jener dunklen Nacht
hat er über mir gewacht!
Drum will ich ihn ganz frei bekennen
und ihn wirklich nun „Tröster" nennen!

Hier ist die „**Bibelvers-Suche**".
In welcher Form kommt der Bibelvers zutage, den
ich in dem Gedicht „Versorgt" versteckt habe?
Was habe ich wohl getan?

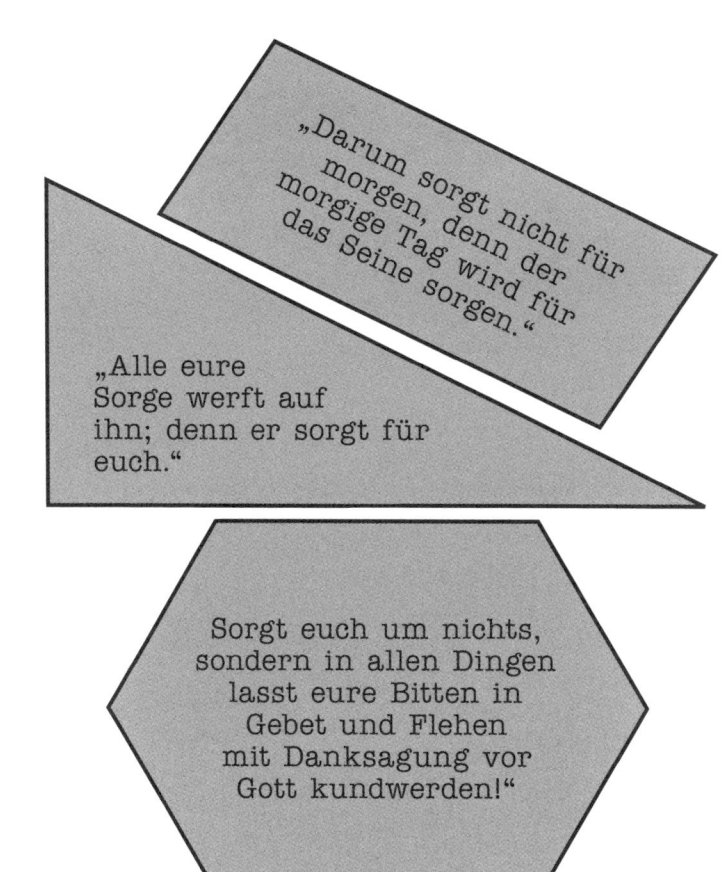

„Darum sorgt nicht für morgen, denn der morgige Tag wird für das Seine sorgen."

„Alle eure
Sorge werft auf
ihn; denn er sorgt für
euch."

Sorgt euch um nichts,
sondern in allen Dingen
lasst eure Bitten in
Gebet und Flehen
mit Danksagung vor
Gott kundwerden!"

Das Fest ohne Ende

Ich will feiern „das Fest ohne Ende",
das im Stall seinen Anfang nahm.
Denn Gott brachte für uns die Wende,
als sein Sohn auf die Erde kam.
Er war hier, um für uns zu sterben,
um im Inneren uns zu befrei'n.
Und so stellte er sich dem Verderben,
ließ sich ganz auf das Menschsein ein.

Nach drei Tagen ist er auferstanden,
hat den Tod und den Teufel besiegt.
Dadurch können wir ganz neu anfangen,
denn Gott zeigt uns, wie sehr er uns liebt.
Ja, er führt uns den Weg hin zum Leben,
das das Sterben hier niemals zerstört.
Und so will ich aufsteh'n, mich erheben,
weil mein Herz ihm auf ewig gehört!

Hier gibt es ein „**Schieberätsel**".
Wer die folgenden sechs Wörter in Gedanken nach
links oder rechts verschiebt, kann senkrecht von
oben nach unten gelesen „Das Fest ohne Ende"
entdecken, das ich in dem gleichnamigen Gedicht
beschrieben habe.

SONNTAG

JESUS

TOD

STEIN

GRUFT

AUFERSTANDEN

VORÜBERGEHEN(D)

Im Hier hat alles seine Zeit;
auf dieser Welt ist nichts von Dauer.
Im Wechsel liegt Beständigkeit.
Denn gestern war ich voller Trauer.

Ich lag am Boden – tief verletzt,
verstand dieses Desaster nicht.
Ich war empört, total entsetzt,
verlor jedwede Zuversicht.

Auch heute bin ich noch betroffen,
doch wächst in mir ein Hoffnungsschimmer.
Ganz langsam kann ich wieder hoffen:
Der Schmerz von jetzt bleibt nicht für immer ...

Denn morgen hab' ich überwunden,
was mich hier quälte – insgeheim.
Im Leid hat Gott mich neu gefunden.
Mein Ende wird sein Anfang sein.

Hier ist ein „**Flickenpuzzle**".
Zu dem Gedicht „Vorübergehen(d)" haben mich
Verse aus Prediger 3 animiert. Doch leider sind
sie durcheinander geraten, sodass sie geordnet
werden dürfen.

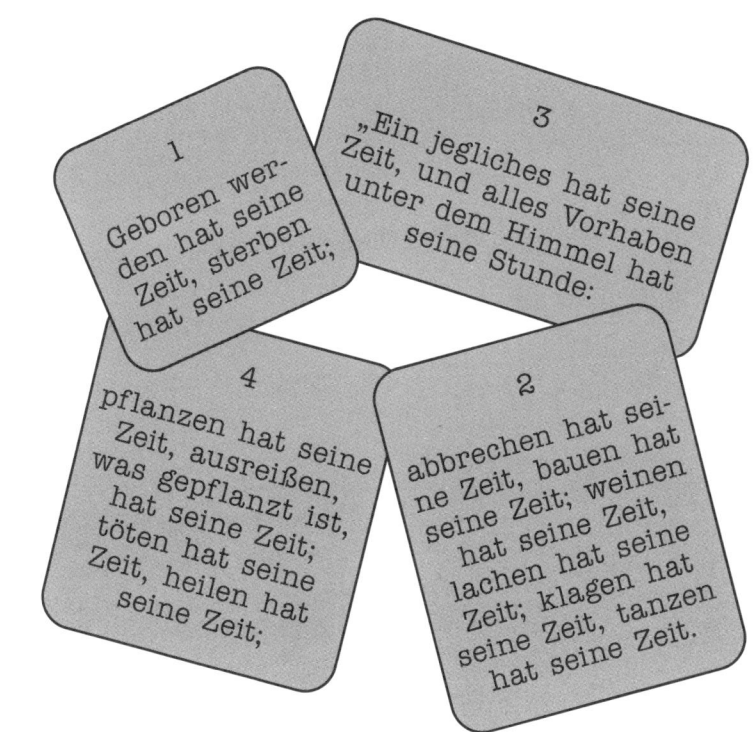

1
Geboren wer-
den hat seine
Zeit, sterben
hat seine Zeit;

3
„Ein jegliches hat seine
Zeit, und alles Vorhaben
unter dem Himmel hat
seine Stunde:

4
pflanzen hat seine
Zeit, ausreißen,
was gepflanzt ist,
hat seine Zeit;
töten hat seine
Zeit, heilen hat
seine Zeit;

2
abbrechen hat sei-
ne Zeit, bauen hat
seine Zeit; weinen
hat seine Zeit,
lachen hat seine
Zeit; klagen hat
seine Zeit, tanzen
hat seine Zeit.

VERWUNDEN

Heut verzog ich meine Miene,
denn mich stach die kleine Biene
mitten auf den Oberarm.
Ich merkte gar nicht, dass sie kam.

Weiß diese dumme Biene nicht,
wenn sie einen Menschen sticht,
dass ihr ein böses Unheil droht?
Nach kurzer Zeit ist sie dann tot!

Nun will ich diese Szene deuten:
Wie dem Tierchen geht's uns Leuten.
Hab' ich einen nur gestochen
und ihm dann das Herz gebrochen,
hätt' auch ich den Tod verdient.
Doch Jesus hat für mich gesühnt.
Durch sein Sterben darf ich leben.
Das ist gütig ... zugegeben!

Hier herrscht „**Tohuwabohu**".
Der Bibelvers aus 1. Johannes 4, der hinter dem
Gedicht „Verwunden" steht, ist völlig durcheinan-
der geraten. Wie heißt er richtig?

Dass die Liebe Gottes

unter uns erschienen ist,

damit darin Gott

seinen eingebornen Sohn

in die Welt

gesandt hat,

sollen wir durch ihn leben.

EIN REICHLICH ARMER, REICHER KNABE

Ein reichlich armer, reicher Knabe
hing zutiefst an seiner Habe –
vielleicht am Schloss, an dem Konzern.
Und dennoch suchte er den Herrn,
weil er in seiner Seele spürte,
dass all das Raffen zu nichts führte.

Er fragte nach des Lebens Sinn
und wusste nicht: „Wo komm' ich hin,
wenn's nun mit mir zu Ende wäre?"
In ihm war eine tiefe Leere.
Er wollte noch vor seinem Sterben
ganz einfach auch den Himmel erben.

Der Herr des Lebens sagte bloß:
„Lass heute dich und dein „Gut" los!
Gib alles hin, was dich beschwert,
weil ich dann für dich sorgen werd'!"
Der Mann ging daraufhin nur fort;
so steht es schlicht in Gottes Wort ...

Ich frage mich: „Wo ging er hin?
War das ein Ende, der Beginn?
Hat er vielleicht nur überlegt,
sich doch noch zu dem Herrn bewogt?
Und – wo lebt dieser Mensch in mir?
Ist Gott mein Lebenselixier?"

Hier ist ein „**Zahlen-Wort**".
Das Gedicht „Ein reichlich armer, reicher Knabe"
basiert auf ein Gleichnis, das in drei Evangelien
erzählt wird. Aber nur in einem Evangelium wird
es – in der Lutherübersetzung – „Der reiche Jüng-
ling" betitelt. Wer die Zahlen in den folgenden
Kästchen durch der richtigen Buchstaben ersetzt,
entdeckt – waagerecht gelesen – die Lösung.
Eine kleine Hilfe ist unten vorgegeben.

	1		9		5
5		4		13	
	12		8		3
7		9		2	
	10		3		6
11		12		1	

A	Ä	E	G	H	I	L	M	N	S	T	U	V
9		3		4		6		2		5		7

WAS WIR WIDERSPIEGELN

Schaust du manchmal in den Spiegel
und hast du schon einmal gedacht:
„Das ist ein echtes Gütesiegel –
ich bin wunderbar gemacht!?"

Wie häufig nörgelst du herum?
Das Haar ist dünn, die Nase krumm.
Das Grübchen stört dich im Gesicht
und vielleicht auch dein Gewicht.
Du hast Wunden, Narben, Risse.
Doch – das sind nur die Umrisse,
deine feinen Eigenheiten.
Es zählt doch mehr die Innenseite.

Denn da ist der Experte;
er gibt dir eignen Werte:
die Würde, die unantastbar bleibt …
trotz deiner Unvollkommenheit.
Er schaut mit Milde, sieht dich ganz –
mit allen Scherben, mit dem Glanz.
Nichts kann dir die Schönheit rauben
So sieh dich doch mit seinen Augen.
Du bist sein Ebenbild, ein Sieger
und spiegelst vieles von ihm wider!

Du hast von ihm so viel in dir;
das hab' ich mir nicht ausgedacht.
Es steht geschrieben – auf Papier:
Er hat dich wunderbar gemacht!

Hier kommt „**Die Qual der Wahl**".
Wo ist der folgende Vers in der Bibel zu finden,
der mir beim Schreiben des Gedichtes „Was wir
widerspiegeln" aufs Herz gelegt worden ist:

„Gott schuf den Menschen
zu seinem Bilde,
zum Bilde Gottes schuf er ihn."

O Römer 8,37

O Lukas 12,7

O Psalm 139,16

O 2. Korinther 4,7

O 1. Mose 1,27

MÄCHTIG HILFLOS, KRÄFTIG SCHWACH

„Ich bitte dich, Herr: Mach' mich stark,
damit ich mehr zu tun vermag,
was dich erfreut und dich verehrt
und auch ganz viele Menschen stärkt!
Ich würde dafür alles geben –
Geld und Zeit, das ganze Leben.
Denn ich fühle mich so schwach;
die Kräfte lassen langsam nach!"
So bin ich still in den Gebeten
oftmals schon vor Gott getreten.

Den Wunsch hat er mir nicht erfüllt,
doch mich in Frieden eingehüllt
und mir ein Wort ins Herz geschenkt,
dass mich nun tröstet und auch lenkt:
„Lass an der Gnade dir genügen,
denn in denen, die mich lieben
und schwach sind, zeige ich mich stark –
so ganz in Milde ... Tag für Tag!"

So lebe ich jetzt mit Bedacht,
denn Gott hat mir selbst klar gemacht:
Es geht hier nicht um meine Stärke
und darum, dass ich auch bemerke,
wie viel ich für ihn schaffen kann.
Auf mein Vertrauen kommt es an!
So will ich ganz in Demut leben,
wie ich bin, mich ihm hingeben,
weil Gottes Kraft mich dann umfängt,
denn er ist niemals eingeschränkt!

Hier gibt es ein „**Kästchenpuzzle**".
Dabei wird ein Bibelvers aus 2. Korinther 12 gesucht, der mir eingefallen ist, als ich das Gedicht
„Mächtig hilflos, kräftig schwach" geschrieben
habe.
Die Wörter sind bereits vorgegeben. Sie müssen
nur noch in der richtigen Reihenfolge unten eingetragen werden:

an, denn, meine, dir, in, Kraft, Gnade,
Lass, meiner, Schwachheit, sich,
der, genügen, vollendet

Aus-Satz

Zehn Männer, die an Aussatz leiden,
sind gezwungen, die zu meiden,
die sie fest im Herzen tragen –
und das schon seit vielen Tagen.
Sie leben ausgesetzt ... allein
und müssen „Unrein, unrein!" schrei'n,
wenn sie von ferne jemand sehen,
bis sie dann einst zu Jesus flehen,
dass er Barmherzigkeit nun zeigt
und nicht zu ihrem Leiden schweigt.

Der Herr sagt ihnen rigoros:
„Kommt, fasst Mut und geht rasch los!
Tut dann den Priestern lauthals kund:
„Wir sind jetzt wieder kerngesund!"
Als sie sich auf den Weg begeben,
kommt die Heilung auch entgegen.

Es geht mir nach, dass sie losgehen,
bevor sie dann das Wunder sehen.
So nehm' ich aus der Story mit,
dass Heilung oft ins Leben tritt,
wenn ich langsam etwas wage
und meinem Aus-Satz auch verjage.
Er heißt vielleicht: „Ich kann das nicht!"
Doch Gott ist der, der zu mir spricht:
„Es geht viel mehr, wenn du dich jetzt
– auf mein Wort – in Bewegung setzt!"

Hier ist ein „**Verwandlungsrätsel**".
In den folgenden Wörtern ist jeweils der erste
Buchstabe gegen einen anderen auszutauschen,
sodass Wörter neuer Bedeutungen entstehen. Bei
richtiger Lösung ergeben die Aussagen jeweils
einen „Aus-Satz", wie ich einen in dem gleichnamigen Gedicht erwähnt habe.

REINER TAG WICH!

WAS BEBEN TAT SEINEN KINN!

ELLE WIND REGEN SICH!

ACH LAUGE SICHT ZIEL!

FEINER KRAUCHT DICH!

WAS SACHT RAN LOCH WICHT!

KRAFT-QUELLE

Was auch immer mich beschwert,
die Seele hin und wieder leert –
das lege ich vor dir jetzt hin.
Ich komm' zu dir, so wie ich bin.
Du bist die Quelle, die mich tränkt,
mir kostbar guten Wein einschenkt,
die meinen Durst nach Leben stillt,
sodass das Herz bald überquillt.

Drum nehme ich mir öfters Zeit
für die Begegnung nur zu zweit.
Ich spüre, wie du mich auffängst,
mich mit Liebe reich beschenkst.
Ich sprech' mich aus und hör' dir zu;
die Seele findet wieder Ruh'.
In deinem Licht seh' ich das Licht.
Und das allein gibt Zuversicht!

Hier ist „**ein kodiertes Kreuzworträtsel**".
Hinter jeder Zahl steht ein bestimmter Buchstabe, sodass alle Wörter des Bibelverses aus Psalm 36 in Erscheinung treten, die hinter dem Gedicht „Kraft-Quelle stehen.
Wie heißt der Bibelvers?

	22.	23.	6.			
	2.					
3.	5.	14.				
	20.		1.			
22.	2.	20.	20.		6.	
	4.		22.	5.	2.	
		9.			18.	
21. Q	1. U	2. E	16. L	16. L	2. E	
		5.		5.	20.	
				12.		
	16. L	5.	12.	18.	8.	
	2. E			8.		
	9. B		22.	2.	6.	
	2. E		5.			
	20. N		14.			
5.	6. S	8.				

AUF-LEBEN

Wenn ich heutzutage wüsste,
wann ich einmal sterben müsste,
dann würde ich bewusster leben,
das, was sinnlos ist, aufgeben ...
nicht in dem, was war, verharren
und ständig in die Zukunft starren.
Ich würd' das Hier und Jetzt genießen
und mir jeden Tag versüßen.

Ich würde schneller überlegen,
was ist wichtig, was bringt Segen.
würde zu den Liebsten eilen,
schriebe ihnen letzte Zeilen,
würde lachen, würde singen –
räumte auf mit manchen Dingen,
würd' Werte schaffen, ernsthaft lieben,
auf die lange Bank nichts schieben.

Dann resümierte ich verdutzt:
So manche Chance ist ungenutzt!
Soll ich mein Sterbetag kennen,
um das alles erst zu können?
Der Rest des Lebens beginnt nun!
Ich kann dies alles heut schon tun!

Hier ist ein **„Irrgarten"**.
Es gilt, mit einem Rechteck zu beginnen, in dem
ein Wort großgeschrieben ist, um dann Zug um
Zug den richtigen Verbindungslinien zu folgen, damit ein Bibelvers aus Psalm 90 zu lesen ist, der
mich zu dem Gedicht „Auf-Leben" inspiriert hat.

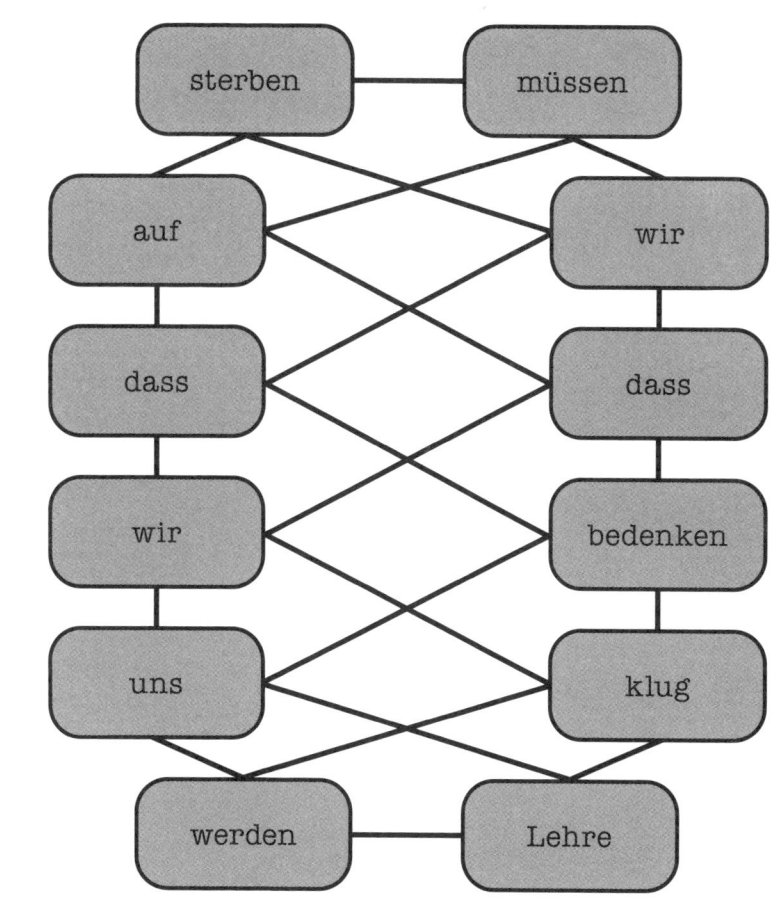

End-Spannung

Du bist da, wenn man dich braucht –
spürst, was andere Menschen schlaucht.
Du packst mit an, hörst ihnen zu.
Die Frage bleibt: „Wo bleibst denn du?"

Fühlst du dich müde und gestresst,
wird es Zeit, dass du loslässt,
einen Gang herunterfährst
und auf die innere Stimme hörst,
die dir flüstert, was dir fehlt,
was dein Herz sucht, was dich beseelt.

Wie oft vergessen wir so leicht:
Der Nächste wird meist nur erreicht,
wenn wir Prioritäten setzen,
in Gott auch mal uns selber schätzen!

Hier gibt es einen „**Austausch**".
Ausgehend von dem Begriff PAUSE sind durch
Schütteln der angegebenen Buchstaben neue Wör-
ter zu finden. Außerdem darf immer ein Buchsta-
be ausgetauscht werden.
Das Wort, das sich am Ende ergibt, ist auch das
Resultat aus meinem Gedicht „End-Spannung"

-	P	A	U	S	E	+
U						R
P						N
S						T
R						K
E						R
N						F

Zurück zu den Wurzeln

Lange war ich heut' im Wald,
sah mehr als einen Baum.
Doch einer war besonders alt.
Erst schätzte ich ihn kaum.

Die Wurzeln wachsen tief und fest
seit Jahren in den Boden ein.
Doch streckt sich der gesamte Rest
weit, hoch bis in den Sonnenschein.

Sein Standpunkt ist damit ganz klar.
Der Baum kann zu sich stehen.
Doch ist er keineswegs nur starr,
kann Stürme überstehen.

Er atmet für uns Gifte ein,
hilft Schlechtes umzuwandeln.
Der Baum will Lebensspender sein.
Ich dank ihm für sein Handeln.

Nach jedem Winter treibt er neu –
das ist nunmehr sein Ziel.
Trotz Kälte bleibt er uns so treu.
Der Baum steht für so viel!

Hier ist ein „**Baukasten**".
In den einzelnen Kästchen ist der Bibelvers aus
Matthäus 12,33 auseinandergelegt, der viel mit
dem Gedicht „Zurück zu den Wurzeln" zu tun hat.
Wie heißt er richtig zusammengesetzt?

so wird auch seine Frucht gut sein;	ein Baum ist faul,	„Nehmt an,
oder nehmt an, · so wird auch seine Frucht faul sein.		ein Baum ist gut,
Denn an der Frucht erkennt man den Baum."		

Der Himmel kommt zur Erde

Der Himmel kommt zur Erde,
denn Gott schickt seinen Sohn,
damit hier Frieden werde.
Die Freude wächst nun schon.
Vollkommen abgeschrieben
erblickt das Licht der Welt
in seiner großen Liebe
für uns das Licht der Welt.

Er gibt auf, was er bräuchte
und kommt in Niedrigkeit.
Die Nacht will er erleuchten –
trotz jeder Widrigkeit.
Mit Jesus kommt der Retter,
der sich mir selbst nun schenkt.
Der König wird zum Bettler,
der sich hier ganz einschränkt.

Und fühl' ich mich verloren,
so öffne ich mein Herz.
Der Heiland wird geboren
in meiner Angst, im Schmerz.
Hier möchte er verweilen;
das ist sein Herzenswunsch,
will alles mit mir teilen:
Der große Gott wird Mensch!

Hier ist ein „**Versteckspiel**".
In jedem der folgenden Wörter rundum Weihnach-
ten ist ein kürzeres Wort versteckt. Die Anfangsbuchstaben der jeweils gesuchten Wörter ergeben
das Wort, was Jesus mit seinen Kommen brachte.

JUNGFRAUENGEBURT

TÄUFER

MENSCHWERWUNG

SCHWANGER

HERBERGE

GABRIEL

MEIN LICHT UND MEIN HEIL

Du bist mein Licht und mein Heil;
vor wem soll ich mich ängsten?
Du siehst von mir jedes Detail;
du kennst mich doch am längsten.
Du bist meine Lebenskraft;
vor wem soll mir noch grauen?
Du stärkst mich wirklich meisterhaft;
ich kann dir stets vertrauen.

Auch wenn es finster in mir ist,
mich Dunkelheit umfängt,
bist du es, der mich nicht vergisst,
mir ein Himmelslichtblick schenkt.

Auch wenn Furcht mich übermannt,
der Zweifel an mir nagt,
so reichst du mir die starke Hand,
an der ich vieles wag.

Auch wenn ich meine Grenzen spür',
die Ohnmacht mich befällt,
so weiß ich doch: Du bist bei mir;
du bist es, der mich hält.

104

Hier kommt „**Das Ende vom Anfang**".
Die gesuchten Sinnbilder für Gott beginnen mit
der Zahl und endet mit der nächten Zahl, sodass
jeweils der Endbuchstabe gleichzeitig der Anfangs-
buchstabe des folgenden Wortes ist.
Welche der folgenden Vegleiche gehören in welcher
Reihenfolge in die Kästchen und welche passen
nicht dazu?
Kleiner Tipp: Das Gedicht „Mein Licht und mein
Heil" ist eine winzige Starthilfe.

TROST, TÜR, HEIL, BROT, LICHT, WEG,
TREUE, WAHRHEIT, ERRETTER, LIEBE,
RICHTER, SCHUTZ, RATGEBER

5					1
	7				
				6	2
4					
			3		

VERGLÜCKLICHT

Ich kann es kaum glauben:
Doch du lädst mich ein,
mir selbst zu erlauben,
hier glücklich zu sein.

Ich hatte mich verurteilt,
mich selbst abgelehnt.
Die Seele schien verbeult;
ich hatte mich geschämt –
für alles, was nicht glückte,
was nicht glorreich war,
worin ich mich verstrickte ...
So machte ich mich rar.

Ich sah mich ungern an,
hab' wertlos mich gefühlt
und glaubte irgendwann:
Ich hab' das Glück verspielt,
bis du mich sanft berührt,
an mich erinnert hast.
Ich war dann unbeirrt,
warf ab die schwere Last.

Du siehst mich im Ganzen
und nicht defizitär.
Dadurch kann ich tanzen,
in mir steckt noch mehr.
Ich hab' viel zu geben,
schon etwas geschafft.
So prägte mein Leben
die Liebe und Kraft.

Weil ich dir viel bedeute,
schau ich gnädig zurück.
Ich nehm' mir vor: Ab heute
gönn' ich mir das Glück!

Hier ist ein „**Zahlenrätsel**".
Dabei gilt es, aus Zahlen Wörter zu kombinieren.
Der Bibelvers aus Johannes 10, der dann zum
Vorschein kommt, untermalt das Gedicht „Verglü-
cklicht".

		H
3	8	14

	I	
11	3	4

	E							,
16	1	13	12	15	15	1	4	

		M		
6	17	15	3	5

S		
2	3	1

D		
6	17	2

L				
9	1	11	1	4

		B		
14	17	11	1	4

		N	
18	4	6	

	O			
10	12	9	9	1

G						.
16	1	4	7	16	1	

BARMHERZIG – WARMHERZIG

Herr, du bist mir nachgegangen,
als ich mich verlaufen hab',
hast mit mir neu angefangen,
als es nichts zu hoffen gab.

In Liebe hast du mich umarmt,
obwohl du alles von mir weißt.
Selbstlos hast du dich erbarmt,
mich eingekleidet und gespeist.

Herr, du hast mich reich gesegnet.
Nun bittest du mich warmherzig,
dass ich Menschen so begegne:
„Beschenke auch! Sei barmherzig!"

Weil du täglich an mich denkst,
seh' ich nun zum Nächsten hin.
Was er braucht, das weißt du längst.
Im Schenken liegt mein Lebenssinn.

Was ich hab', geb' ich nun weiter,
denn alles kommt, mein Gott, von dir.
Und so werde ich selbst heiter;
ich bleibe reich! Hab' Dank dafür!

Hier ist „**Schwarz-weiß**".

Zu jedem der folgenden Begriffe sollen ein gegenteiliges Wort gefunden werden. Bei richtiger Lösung ergeben die Anfangsbuchstaben von oben nach unten gelesen ein Synonym für das, was ich in dem Gedicht „Barmherzig – warmherzig" beschrieben habe.

ANFANG	
ARMUT	
SCHWESTERN	
ABLEHNUNG	
VERSÖHNUNG	
HÄRTE	
SELBSTLOS	
GEBEN	

LÖSUNGEN

S. 7:
David

S. 9:
Hell (Psalm 62,9)

S. 11:
Wahrlich, aber, langersehnte, lieben, fertig, also, hier, reichlich, treue, siehe, lebenslänglich, immerwährenden, ewige, dunklen = WALLFAHRTSLIED

S. 13:
„Du bist der Gott, der mich sieht." (1. Mose 16,13)

S. 15:
„Hätte ich früher erkannt, was ich jetzt weiß, dass der winzige Palast meiner Seele einen so großen König beherbergt, dann hätte ich ihn nicht so häufig darin allein gelassen." Teresa von Avila

S. 17:
„Wir haben hier keine bleibende Stadt, sondern die zukünftige suchen wir." (Hebräer 13,14)

S. 19:
„Herzlich lieb habe ich dich, Herr, meine Stärke." (Psalm 18,2)

S. 21:
„Wenn das Weizenkorn nicht in die Erde fällt und erstirbt, bleibt es allein; wenn es aber erstirbt, bringt es viel Frucht." (Johannes 12,24)

S. 23:
Martin Luther

S. 25:
aufrichtigen, schlichten, beten, aufmuntern, trösten, vergeben (Jakobus 3,5)

S. 27:
Hoffnung

S. 29:
Tarsis

S. 31:
„Gedenkt nicht an das Frühere und achtet nicht auf das Vorige! Denn siehe, ich will ein Neues schaffen, jetzt wächst es auf, erkennt ihr's denn nicht?" (Jesaja 43,18+19)

S. 33:
„Seht auf und erhebt eure Häupter, weil sich eure Erlösung naht." (Lukas 21,28)

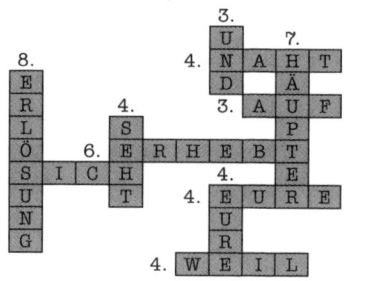

S. 35:
„Gott, der Herr, ist meine Stärke." (Jesaja 12,2)

S. 37:
„Ist jemand in Christus, so ist er eine neue Kreatur; das Alte ist vergangen, siehe, Neues ist geworden." (2. Korinther 5,17)

S. 39:
Balken 2,1,3: (Galater 5,1)

S. 41:
„Der Herr ist nahe denen, die zerbrochenen Herzens sind, und hilft denen, die ein zerschlagenes Gemüt haben." (Psalm 34,19)

S. 43:
Versöhnung
S. 45:
„Das Himmelreich gleicht einem Schatz, verborgen im Acker, den ein Mensch fand und verbarg; und in seiner Freude ging er hin und verkaufte alles, was er hatte, und kaufte den Acker. Wiederum gleicht das Himmelreich einem Kaufmann, der gute Perlen suchte, und als er eine kostbare Perle fand, ging er hin und verkaufte alles, was er hatte, und kaufte sie." (Matthäus 13,44-46)
S. 47:
„Herr, rette mich!" (Matthäus 14,30)
S. 49:
„Ein Mensch sieht, was vor Augen ist; der Herr aber sieht das Herz an." (1. Samuel 16,7)
S. 51:
„Und ein großer, starker Wind, der die Berge zerriss und die Felsen zerbrach, kam vor dem Herrn her; der Herr aber war nicht im Winde. Nach dem Wind aber kam ein Erdbeben; aber der Herr war nicht im Erdbeben. Und nach dem Erdbeben kam ein Feuer; aber der Herr war nicht im Feuer. Und nach dem Feuer kam ein stilles, sanftes Sausen." (1. Könige 19,11+12)
S. 53:
Emmausjünger
S. 55:
„Durch seine Wunden seid ihr heil geworden." (1. Petrus 2,24)
S. 57 :
„Darum sage ich euch: Sorgt euch nicht um euer Leben, was

ihr essen und trinken werdet; auch nicht um euren Leib, was ihr anziehen werdet. Ist nicht das Leben mehr als die Nahrung und der Leib mehr als die Kleidung? Seht die Vögel unter dem Himmel an: Sie säen nicht, sie ernten nicht, sie sammeln nicht in die Scheunen; und euer himmlischer Vater ernährt sie doch. Seid ihr denn nicht viel kostbarer als sie? Wer ist aber unter euch, der seiner Länge eine Elle zusetzen könnte, wie sehr er sich auch darum sorgt?" (Matthäus 6,25-27)
S. 59:
2 = „Ich will euch trösten, wie einen seine Mutter tröstet." (Jesaja 66,13)
S. 61:
mehr, nach, Sohn, steh, viel, soll = Mantel
S. 63:
„Darum nehmt einander an, wie Christus euch angenommen hat zu Gottes Ehre." (Römer 15,7)
S. 65:
„Und dienet einander, ein jeder mit der Gabe, die er empfangen hat, als die guten Haushalter der mancherlei Gnade Gottes." (1. Petrus 4,10)
S. 67:
„Was wir nicht schaffen, müssen wir loslassen, sonst schafft es uns." (Ernst Ferstl)
S. 69:
dem, abermals, meines, Augen, Balkon, seinem, die, stehen, auf
S. 71:
„Singet dem Herrn ein neues Lied, denn er tut Wunder." (Psalm 98,1)

S. 73:

„Wenn euch nun der Sohn frei macht, so seid ihr wirklich frei." (Johannes 8,31)

S. 75:

versöhnen, erlösen, rechtsprechen, Gnade, entschuldigen, befreien, entlasten, nachsehen = VERGEBEN

S. 77:

„In der Welt habt ihr Angst; aber seid getrost, ich habe die Welt überwunden." (Johannes 16,33)

		H			Ü		W		
		A		A		B	D	E	R
		B		N		E	L		
D	I	E	G	E	T	R	O	S	T
		C		S		W	E		
	H	A	B	T		U	I	H	R
		B			I	N	D		
		E				D			
		R		W	E	L	T		
				N					

S. 79:

Ich habe gebetet und Gott meine Sorgen überlassen. (Philipper 4,6)

S. 81:

Ostern

S. 83:

3, 1, 4, 2 (Prediger 3,1-4)

S. 85:

„Darin ist erschienen die Liebe Gottes unter uns, dass Gott seinen eingebornen Sohn gesandt hat in die Welt, damit wir durch ihn leben sollen." (1. Johannes 4,9)

S. 87:

Matthäusevangelium

S. 89:

1. Mose 1,27

S. 91:

„Lass dir an meiner Gnade genügen; denn meine Kraft vollendet sich in der Schwachheit"

S. 93:

Keiner mag mich!, Das Leben hat keinen Sinn!, Alle sind gegen mich!, Ich tauge nicht viel!, Das macht man doch nicht!

S. 95:

„Denn bei dir ist die Quelle des Lebens, und in deinem Lichte sehen wir das Licht." (Psalm 36,10)

A	B	C	D	E	H	I	L
23	9	12	22	2	18	5	16

M	N	Q	R	S	T	U	W
4	20	21	14	6	8	1	3

S. 97:

„Lehre uns bedenken, dass wir sterben müssen, auf dass wir klug werden." (Psalm 90,12)

S. 99:

Pause, Spare, Rasen, Arten, Kante, Trank, Kraft

S. 101:

„Nehmt an, ein Baum ist gut, so wird auch seine Frucht gut sein; oder nehmt an, ein Baum ist faul, so wird auch seine Frucht faul sein. Denn an der Frucht erkennt man den Baum." (Matthäus 12,33)

S. 103:

Auen + Ufer + Schwer + Wange + Erbe + Gab = AUSWEG

S. 105:

Heil, Licht, Trost, Treue, Erretter, Richter, Ratgeber

S. 107:

„Ich bin gekommen, damit sie das Leben haben und volle Genüge." (Johannes 10,10)

S. 109:

Ende + Reichtum + Brüder + Annahme + Rache + Milde + Egoistisch + Nehmen = ERBARMEN